有毒的管理者

高管教练的挑战

[荷] 曼弗雷德·凯茨·德·弗里斯 著
（Manfred F. R. Kets de Vries）
李汀 译

YOU WILL MEET A TALL, DARK STRANGER:

EXECUTIVE COACHING CHALLENGES

人民东方出版传媒
People's Oriental Publishing & Media
東方出版社
The Oriental Press

图字：01-2018-8378 号

图书在版编目（CIP）数据

有毒的管理者：高管教练的挑战 /（荷）曼弗雷德·凯茨·德·弗里斯 著；李汀译. —北京：东方出版社，2019. 6
（曼弗雷德管理文库）
书名原文：You will meet a tall, dark stranger: Executive coaching challenges
ISBN 978-7-5207-0774-9

Ⅰ. ①有…　Ⅱ. ①曼… ②李…　Ⅲ. ①企业领导学　Ⅳ. ①F272. 91

中国版本图书馆 CIP 数据核字（2019）第 022561 号

有毒的管理者：高管教练的挑战
（YOUDU DE GUANLIZHE: GAOGUAN JIAOLIAN DE TIAOZHAN）

作　　者：［荷］曼弗雷德·凯茨·德·弗里斯
译　　者：李　汀
责任编辑：刘晋苏
出　　版：东方出版社
发　　行：人民东方出版传媒有限公司
地　　址：北京市朝阳区西坝河北里 51 号
邮　　编：100028
印　　刷：北京联兴盛业印刷股份有限公司
版　　次：2019 年 7 月第 1 版
印　　次：2019 年 7 月第 1 次印刷
印　　数：1—6000 册
开　　本：880 毫米×1230 毫米　1/32
印　　张：6. 25
字　　数：110 千字
书　　号：ISBN 978-7-5207-0774-9
定　　价：58. 00 元
发行电话：（010）85924663　85924644　85924641

谨以此书

献给赛丽·西蒙斯，她是编辑中的编辑，令我受益匪浅。

目　录

CONTENTS

推荐序　老板桌后 …… 1

前　　言 …… 9

关于作者 …… 21

第 1 章

引　言 …… 001

第 2 章

自恋的管理者 …… 009

第 3 章

疏离的管理者 …… 021

第 4 章

偏执的管理者 …… 035

第 5 章

双极型的管理者 …… 051

第 6 章

心理变态的管理者 …………………………… 061

第 7 章

孤独症的管理者 ……………………………… 077

第 8 章

消极对抗的管理者 …………………………… 089

第 9 章

强迫症的管理者 ……………………………… 101

第 10 章

去爱、去玩、去工作 ………………………… 117

第 11 章

你将遇见一位高大神秘的陌生人 …………… 141

附录：关于辅导干预的简短说明 ……………… 147

文献目录 ………………………………………… 153

推荐序　老板桌后

文/肖知兴

2007年的现象级电影《穿普拉达的女魔头》中，著名女演员梅里尔·斯特里普塑造了一个典型的精神病态的（psychopathic）女老板：自信自恋，气场强大；沉着冷静，无所畏惧，享受冲突；为达目的不惜一切手段，善于操纵和利用别人，对于自己的非道德行为没有任何歉疚心理。这个女老板的表现，几乎完全符合牛津大学心理学家凯文·达顿在《异类的天赋》一书中对这种类型的人格障碍（personality disorder）的描述。与一般的精神病态相比，这个女老板因为身在时尚行业，还要加上强迫症和控制狂的一些典型症状。一个职场小白，如何在这样变态的一个女魔头的淫威之下讨生存，人们不由得对安妮·海瑟薇扮演的小实习生捏一把冷汗。

《穿普拉达的女魔头》的最后，小实习生毅然决然地放弃了女老板认为“一人之下，万人之上”的职位。在公司门口，女老板与小实习生有一次意味深长的对望。那一瞬间，女老板在想什么？也许她在想“总有一天，你会像我一样”？8年之后，扮演小实习生的安妮·海瑟薇自己也成了大明星，主演了一部《实习生》，果真变成了一个类似的女老板，成天颐指气使，吹毛求疵，看见别人眼中的刺，看不见自己眼中的梁。还好，在罗伯特·德尼罗扮演的“老实习生”的帮助下，这一次，女老板找回了自己，实现了内心的平和与家庭的平衡。

西方文化整体而言崇尚个性、尊重差异，加上大家平均的职业化程度较高，一般人都懂得“don't take it personally”（不是针对你个人，不要太在意）的道理，所以对职场上的精神病态的行为接受度较高。很多明星级的老板如乔布斯、马斯克，身上都有这种施虐型人格的影子。与之相比，中国文化高度重视人际关系的和谐，强调与人为善的传统，对于这种类型的行为模式的接受度总体应该更低。例如，英文形容人是一个“nice guy”，其实是很弱的表扬（如果不是批评的话）；中国人说“谁谁谁是一个好人”，往往是蕴含了强大道德性和情感性内容的一种很高的褒扬，二者完全不在同一个量级上。

领导力发展行业的基础是组织行为学的研究，其有效性的前提是，这个人的心理相对比较健康，有基本的自我观照、自我觉察和自我反思能力。所以，这个行业的专业工作者在工作中碰到精神病态等各种人格障碍，是一件很无奈的事情。例如，前不久，一个小有名气的老板来参加我们的一个企业家学习活动。他的公司刚上市，体量可能比当时在场的大多数人的企业大一些。他注意到这个情况后，说话的声音就开始越来越大。在一个同学表达了要成为千亿级企业的梦想之后，他开始抑制不住地嘚瑟：“什么千亿级企业？你们见过千亿级企业吗？千亿级企业老板都是与什么人交朋友你们知道吗？”云云。大家见过找存在感的人，没见过以这种方式找存在感的人，整个会场，瞬间“石化”。

这种老板，在“dog eat dog”（指强势竞争文化）的西方职场中，也许不算什么大问题；但在注重涵养和城府的中国社会，我可以断定，几乎预示了他将来不妙的结局。当然，语言上的冒犯，与行动上的冒犯相比，算不了什么。

最近，中国某著名电商公司创始人的“强奸案”和某著名制药企业创始人的“杀妻案”的各种细节透露出来，大家可以看看这种精神病态发展到行为冒犯层面的时候，能有多么可怕。而社会大众和公共舆论，对这种行为模式的惩罚力度，又将有多大。创业者本来就是比较异类的人，再加上他们肩负各种巨大的压力，他们发生心理健康和人格障碍问题的概率比普通人更大，忽视这个问题，对员工、对企业、对社会都是一个巨大的风险。

关于企业家的心理健康和人格障碍，我的母校 INSEAD（欧洲工商管理学院）的曼弗雷德·凯茨·德·弗里斯教授是西方学术界绕不过的一座灯塔。从二十世纪七十年代开始，他花了近半个世纪研究这些问题，横跨学术界与实践界，发表了三百多篇论文并出版了四十多本书，组织了无数高层培训和咨询项目，影响了欧美国家千千万万的企业和企业家。他的所有著作的清单，打印出来，最少几十页。西方一线学者有多敬业、多专注、多勤奋，凯茨·德·弗里斯是一个非常好的正面典型。

凯茨·德·弗里斯几乎单枪匹马，把 INSEAD 变成世界领导力研究与发展的中心之一。不为人知的是他这些年经历的一些艰难的挑战。行为心理学成为西方学术界主流之后，弗洛伊德的心理分析学成为一个少数派，甚至被一些人认为是“巫术”。凯茨·德·弗里斯却一直强调他的心理分析学背景，和基于心理分析学的心理动力学（psychodynamics）及心理治疗学（psychotherapy）范式，可以想见，主流心理学学术圈是怎么看他的。自从80年代他与著名组织学者Dan Miller在主流学术期刊发表《神经质组织》后，主流心理学界、组织学界基本就找不到他的名字了。

还要一个原因是，凯茨·德·弗里斯的写作风格基本沿袭的是欧洲管理学界的传统，偏人文，偏跨学科，行文常常是旁征博引，如入无人之境，与美国A级学术期刊的偏定量、偏专业术语，讲究“无一字无来历”的行文风格，形成鲜明的对比。所以，他的文章，一般都发表在偏欧洲风格的学术期刊（如*Organizational Dynamics*，*Human Relation*）上；他的书的出版者，一般也不是那些有严格的同行评审程序的学术出版社（如西方主要大学的出版社）。

我在INSEAD读博士时，凯茨·德·弗里斯不在组织行为学（Organizational Behavior，OB）系，而是在创业与家族企业系；不是核心的、行使各种学术权力的 tenue-track professor（终身轨教授），而是相对边缘的 clinic professor（临床教授或实践教授），可以想见他在学校地位的尴尬。过来人告诉我，有一段时间，他甚至差点面临被学校解聘的情况，幸好当时在 INSEAD 的另外一位管理大师明茨伯格及时出手，危机才算化解。

当时，我们这些少不更事的博士生，每天浸淫在典型的美式研究的各种套路当中，对于凯茨·德·弗里斯的遭遇，还不免有些轻薄之心，就像财务、运营等定量学科，嘲笑偏定性的 OB 代表的是“Organizational Bullshit”一样。定量研究嘲笑定性研究，正式模型嘲笑数理统计，大家人云亦云地一起跟着鄙视链走，哪里知道这种鄙视和反鄙视背后的辛酸与无奈。多少年轻的学术梦想，在这种狭隘的对峙中灰飞烟灭。

当然，与德鲁克长期得不到学术界的接受，甚至直到今天仍为一些人所轻薄相比，凯茨·德·弗里斯这点尴尬，就算不了什么了。西方管理学界的这种理论界与实践界、理论知识与实践知识相互脱节的奇怪情况，也是管理有多复杂，管理学有多复杂的一个很好的注脚。权力、派系、资源……

象牙塔内的斗争，甚至比象牙塔外面还要更为激烈、更为不择手段、更为“精神病态”。所以，如果没有一定的使命感与责任感的支持，大家还是离这个学科远一点为妙。

学术界倾向于认为，信息技术的发展、传播的便利、各种娱乐方式的大繁荣、全球化导致的竞争加剧，也许都在某种程度上加大了人们平均的精神变态的程度，或者说，至少是加大了人们对各种精神变态的接受程度。例如，第一代硅谷创业者如 Dave Packard、Bill Hewlett（惠普公司创始人）、Andy Grove（英特尔公司前 CEO）看起来都是温和儒雅的谦谦君子，到了乔布斯、马斯克时代，却仿佛印证了 Andy Grove 的那句话：唯有偏执狂才能生存，唯有偏执狂才能成功。对事的偏执狂，大家容易接受；对人的偏执狂，就离人格障碍和精神病态不远了。

难道这个世界必然要被《穿普拉达的女魔头》那样的疯子、变态和怪人所主导？我倾向于没那么悲观。心理学的维度之外，还有一个神学的维度。我写下这篇文章的时候，巴黎圣母院刚刚燃起熊熊大火。与很多人认为这标志着法国和欧洲信仰的失落相反，我反而认为这也许是他们的宗教文化之复兴的一个转折点。这种宗教文化，强调英国作家 C. S. Louis 所定义的 agape（上帝之爱、无缘无故的爱）的力量，对于维护人们的心理和精神健康，遏制精神病态尤其是企业界的精神病态扩散的趋势，将起到一般中国人难以想象的巨大作用。

反倒是我们中国有些人，好像除了对金钱，包括金钱代表的地位和金钱所能购买的东西以外，对其他东西，都鲜见坚定的信仰，未来将如何应对这个问题，更让人担心。大火之后，巴黎圣母院的主体结构还在，我们的“巴黎圣母院”呢，早就不知道经历过多少次大火了。我在《以热爱战胜恐惧》中总结的正念、良知与天命三个概念，算是在文化的废墟里努力拣起一些相对完整的碎片吧。这样一片瓦砾遍地、尘土飞扬的土地上，技术演进的巨轮还在越转越快，娱乐至死的文化还在愈演愈烈，没有底线的资本用更大的力量让用户上瘾，看那一张一张麻木的脸，因为过度使用电子产品而逐渐失去血色。这些东西，将把我们带向何方？

我没有答案。

（作者为领教工坊联合创始人）。

前　言

你说得越多，人们记住的越少。

——弗朗索瓦·芬乃伦

忍耐他人的不足，比发现他人的错误需要更高的品格。

——约翰·珀蒂·森

如果你想积累与难缠之人打交道的经验，那就养孩子吧。

——博·贝内特

一天，禅师正步行穿过村庄，一个愤怒的女人挡住他的去路，并对着他破口大骂。“你没有资格教训别人！你和旁人一样愚蠢。没什么了不起的。你这个骗子！”

禅师不发一语，只是安静地坐下来，面带微笑。愤怒的女人继续辱骂了一阵子，但除了沉默和微笑以外没有得到任何回应，她渐渐平静下来，离开了。禅师的弟子们也生起气来，无法理解禅师的沉默。终于，一个弟子站出来问他，为什么对辱骂和冒犯不予回应。

禅师答道：“如果有人给你一份礼物，但你拒绝收下，那这份礼物属于谁呢？”

弟子回答：“属于那个送礼物的人。”

禅师笑着说：“正是如此。”

如果有人情绪失控、恶语相向、反复无常，你就可以在精神上拒绝接受这份“礼物”。或者你可以做一些禅师未做的事——欣然接受这份“礼物”，因为它能帮你更好地了解他人。就像我的一位朋友说的，“欢迎神经症吧，它能给你提供大量信息”。我同意他的看法。我在和难以相处的客户打交道时发现，他们能教你新的技能，提供新的思路。

我写作这本关于高管教练的小书，主要出于两个原因。

其一，我想帮助有职业抱负的教练，更好地与那些不仅复杂难解，更可能把人逼疯的问题客户打交道。这类人比你想象的还要多。然而，尽管看似矛盾，这些令人气恼甚至厌恶的行为，却能给我们提供与他们打交道的工具。客户们通过各自不可思议的方式，让我们注意到其性格中鲜少为人觉察的领域。

其二，高管教练需要面对的客户常常是情绪无常、难以相处的，而他们的失当行为将给工作伙伴的幸福感和业绩带来消极影响，常常是外部环境迫使他们尽快寻求帮助、做出改变。从我自己的经验来看，如果管理者的失当行为始终得不到指出和改善，受损的将会是公司。恶劣行为像一粒石子荡起涟漪，迅速感染公司上下，终会激起千层浪，引发许多不可预料的后果。不幸的是，经验还告诉我，显现在外的恶劣行为，通常只是巨大冰山的一角。

你们当中很多人可能在实践中已经了解，客户们会表现出各种形式的行为失当：粗暴无礼、大呼小叫、说人闲话、压迫控制、陷害中伤、找替罪羊、冷暴力、攻击骚扰、牢骚抱怨、对上级指令视而不见、对该完成的任务消极怠工。以上列出的还远远不够。这些恶劣行为会让人沮丧，尤其是对教练们而言。我们必须提醒自己，当我们因为这些行为感到不快，更多是源于他们及他们的问题，而不是我们自己。即便如此，在许多年的实践之后我仍然感到，每当身陷此种情境，我很难保持冷静沉着、镇定自若的风度。很多时候，客户的恶劣行为令我身心俱疲。

在作为高管教练的职业生涯中，我尽力避免踏入客户的陷阱，并且发现，如果我将注意力集中在自己受伤、愤怒的感受上，就能够更好避开情绪陷阱。在和这些难以相处的人以及人际冲突打交道的过程中，我学会更好地驯服自己的情绪。我学会不让自己稀里糊涂地被卷入这场“对决”。我总是尽力保持自控，忍住想赢和想争辩的冲动。长期的经验教会我，倾听是更好的选择。倾听并提出问题，可以引导他人得出更好的结论。借由发问，我能够帮助客户看清他们正缠斗其中的问题。

我从不认为这很容易。和所有人类一样，一旦被挑衅或被攻击，我会立马做出本能反应——陈述我的理由、为我的观点辩护。然而，我从惨痛的教训中学习到，那毫无用处。让自己陷入与对方情绪对抗的恶性循环，并不是一个好策略。相反，不是立马服从本能，而是推迟自己的反应，就让我在开口之前有时间好好思考。作为高管教练，我总会留心注意自己身上发生的一切。我学会了关注一切情绪问题的产生，并避免做出不经思考的反应。同时，如果我推迟自己的反应，客户也就有了反思问题的机会。

每次我向客户表达倾听的意愿，并尽量减少防备、批判和不耐烦情绪，我就是在给予他们一份理解的“礼物”，并得到了一次收获回礼的机会。暂停自己反应的需求，听完他人的话，也是倾听意愿的一部分。同样，这并不容易。每当情绪困扰我时，我的同情和同理能力就会受到影响。情绪会破坏我理解他人心理状态、倾听他们、感受他们痛苦与欢乐的能力。要有同理心，我必须能够认识自己的盲点、了解那些让我有选择地观察世界的滤镜。我需要不断地了解自己的真实，以及其他人的真实。我也了解到，我可以自由切换其他滤镜；我可以透过不同的镜头观察世界。

我们每个人都试图管理大脑中的理性和情绪两部分。它们应该同时起作用。但作为高管教练，我们应当认识到，在和客户相处时，情绪部分的反应往往压过理性。所以，每当情绪雪崩来袭，我总是尽力停下来思考。在这种情况下我提醒自己，同情和理解很重要，但理性和逻辑也相当重要。例如，当我和性格反复无常的客户打交道时，我会注意自己的反应，也会试着想象对方的感受以及在那种情境下他们会做何行动。我学会了在行动之前思考（同时运用两边大脑），这样做的结果往往更加积极。在辅导过程中，应该始终以这个思考—行动模式为主轴。

这并不是说，多年来我从没有陷入过和客户的情绪“对决”，即便我已经尽力控制了。但是我学会了怎么明智地做出选择。我得出的结论是，在这些对决中是否取胜并不重要，重要的是有多少次我转过身去，选取一个更好的角度来审视问题。不可否认，有时候不理智的情绪占了上风，我在没深思熟虑的情况下就陷入了争论。但我给自己制定了一个规矩，每当负面（或是正面）情绪出现时，我就对自己提问题。我试着反思我身上发生了什么，强迫自己不要立马做出本能反应。这很有效，因为这么做能迫使我思考。当我感到已经难以控制情绪的时候，这一策略显得尤为重要。如果我的情绪开始成为逻辑的障碍，不断提出问题能帮我回归现实。

大体上，我能够保持不被客户激怒，不让他们有机会叫嚣“你的”和“我的”。大部分时候，他们的行为失当都与我无关。所以，尽管可能很难，但高管教练必须学会从各种角度就事论事地观察这些失当行为，而不是从个人角度评判。一些有经验的教练，能够在情绪风暴的中心保持冷静从容，而更多人则会因为自己的脾气陷入挣扎。我们中的大部分人都不是禅宗大师。

应该说，在高管教练的职业生涯中我从未见过一个百分之百理性的人。我们所有人有时候都会有点儿疯狂。事实上，正是生活中遇到过的许多“狂人”帮我从完全不同的角度看世界。他们拓展了我的视野。教练们必须学会把客户的“疯狂”看作他们适应力的一部分。也许正是疯狂赋予他们活力和创意。一些“疯子”改变了世界。就像塞内卡曾说的那样，“少许疯狂造就伟大的头脑”。我的观点是，也许只有过度的理智才是真正的疯狂。我时常提醒自己，我和所有人一样，曾经是个孩子——认为世上没有不可能的事。这和疯子没什么不同。疯狂有时正是我们应对真实世界的合理方式。难道我们不正是通过混乱和疯狂来了解人是怎么一回事的吗？

然而，即使我不得不面对真正的疯狂，我也总是具备发现其背后逻辑的能力。我们作为高管教练的挑战，在于找出事情的逻辑联系——这往往就是解决问题的关键。尽管人类行为通常有目的性，但有时要看出对方的意图可能相当困难。幸运的是，只要我们对人性有基本的了解，那些会给他人带去恼怒甚至伤害的失当行为，通常都是可预测的。

这并不意味着，要辨别各类型人格是件容易的事，总会有那么一些难以厘清、困惑不解之处。不过随着年岁增长，我越来越欢迎这种困惑。诚然，有许多时候用“困惑”来形容其难度是轻描淡写了。许多时候，我在心里默念雷茵霍尔德·尼布尔的祷文：“神哪，赐我心灵宁静，去接受我不能改变的一切；赐我勇气，去改变我能改变的一切；并赐我智慧，去分辨这两者的差别。”

通过这本书，我希望传达的是，辅导有心理问题的高管客户，是令人振奋的工作。这些客户对促进我了解自己的人格大有裨益。每一次相识，都教会我看清自己的长处、缺点、情绪敏感点和认知局限。就像心理学家卡尔·荣格说的，“了解你自己的黑暗面，是处理他人黑暗面的最佳方式”。我也学到了，如果我想了解自己的人格类型，只需看看我吸引了什么样的人，便足以知晓。

在我从事教育者、精神分析师、高管教练甚至企业管理者的经历中，我遇到过形形色色的复杂难解的人。仿佛这样还不够似的，我的许多学生还常常让我扮演福尔摩斯的角色，帮他们厘清困境、解读人事。我很高兴，自己有时候能派上用场。不过还有很多时候，我自己也一样困惑不解。

简而言之，我工作的主要内容之一，就是去帮助我的学生更有效地从事高管教练工作，这也是本书写作的主要目的之一。我想要告诉我的读者，他们在迷茫困惑中并不孤单——并且终会看到光明。总会有模式识别成功的时候，那就是灵光一闪、照亮困惑的时刻。

写作这本书的动力，来自我与《哈佛商业评论》高级编辑大卫·钱皮恩（曾是我的学生）的一次谈话。他曾经邀请我写一篇题为“辅导恶劣领导者”的文章。杂志给的反馈是，我写作的内容很有意思，但和题目不太符合。大卫问我是否读过《地狱来鸿》这本书。我没读过，但是马上就去买了一本。在 C. S. 刘易斯的这本关于基督教卫道士的小说中，老魔鬼赛诸葛给侄子兼徒弟、年轻魔鬼华姆伍德写信，传授如何通过侵蚀其信念、引诱其犯戒、捕获其灵魂等种种手段，确保“病人”放弃信仰、走向地狱。大卫认为我应该采用类似的写作形式，但是应站在天使而不是魔鬼的立场上，教那些有抱负的高管教练如何同难缠的客户打交道。在他的鼓励下，我又重新开始写作，并一发不可收拾。最初计划的一篇短文，最后变成了一本小书。在展示客户案例之余，我还决定要深入思考以游戏和沉浸为方式的“活力型组织”，并探究什么才是真正的“健康”人格。

我学会了不把生活视为理所当然。没有人是全凭一己之力在世上独行的，这回也是一样。在这本书出版之际，我要感谢大卫，他鼓励我展开这段旅程。我还得感谢我的学生和客户，多年来，正是他们教会了我所知的一切。

关于作者

在已被广泛研究的领导力和个人与组织动力学领域，曼弗雷德·F. R. 凯茨·德·弗里斯教授引入了全新的观点。凭借他在经济学（经济学博士学位，阿姆斯特丹大学）、管理学（国际教师项目参与者、MBA 和 DBA 学位，哈佛大学商学院）以及精神分析学（加拿大精神分析学会、巴黎精神分析学会和国际精神分析学会）等领域的知识和经验，弗里斯教授仔细研究了国际管理、精神分析、心理治疗、动态精神病学和高管教练之间的关系。他感兴趣的具体领域包括领导力、职业动态学、高管心理压力、创业精神、家族企业、企业继承计划、跨文化管理、高绩效团队建设以及企业转型和变革的动态变化。

弗里斯教授是欧洲工商管理学院（INSEAD，在法国、新加坡和阿布扎比开设有分校）领导力发展和组织变革领域的杰出临床教授。他是 INSEAD 全球领导力中心的创始人。该中心是世界上最大的领导力发展中心之一。此外，他还是欧洲工商管理学院高级管理课程“领导力的挑战：培养你的情商”项目的主任，以及管理学硕士项目“带来变革的咨询和辅导”的负责人，并曾五次获得该学院的杰出教师奖。他还是柏林欧洲管理与技术学院（ESMT）领导力发展研究领域的杰出客座教授。他曾在麦吉尔大学、蒙特利尔高等商业学院和哈佛商学院担任教授，并在世界各地的管理机构讲学。

英国《金融时报》《经济学人》，法国《资本》杂志，德国《经济周刊》都将弗里斯教授评为全球顶尖的领导力研究学者。他名列“全球最具影响力的50位管理思想家”，并被认为是在人力资源管理领域最有影响力的人物之一。

弗里斯教授是40多本书的作者、共同作者或编辑者，包括《神经质组织：诊断并改变不良管理风格》《领导、傻瓜和骗子》《管理快车道上的生与死》《领导的奥秘》《幸福等式》《领导者是天生的吗》《俄罗斯新商业精英》《恐惧领导力：阁楼上的夏卡祖鲁》《全球高管领导力清单》《教练与沙发》《沙发上的领导》《沙发上的家族企业》《性、金钱、幸福与死亡》《性格与领导力反思》《领导力与职业生涯反思》《组织的反思》《领导力教练万花筒》《刺猬效应：打造高绩效团队的秘诀》《正念领导力》。还有几本书在准备中。

此外，弗里斯教授已经发表了400多篇学科论文，包括书籍中的章节和独立文章。他还撰写了大约100个案例研究，其中8个案例获得了“ECCH年度最佳案例奖”。他是许多杂志的固定撰稿人。他为《哈佛商业评论》和《INSEAD知识》写作博客。他的文章刊登在《纽约时报》、《华尔街日报》、《洛杉矶时报》、《财富》、《商业周刊》、《经济学人》、《金融时报》和《国际先驱论坛报》等刊物上。他的书籍和文章已被翻译成31种语言。

弗里斯教授是《管理学会》编委会的17个成员之一，并当选为管理学学会的会员。他是国际精神分析研究组织（ISPSO）的创始成员，并被授予终身会员资格。由于对领导力研究和发展的杰出贡献，他也是获得国际领导力协会终身成就奖的第一位非美国人；他被认为是世界领导力发展领域与规范的创始学者之一。由于他对咨询领域的贡献，美国心理学基金会授予他哈里和莱文森奖（组织咨询方面）的荣誉。在荷兰，他因其在管理和精神分析领域的贡献而被授予弗洛伊德奖。他还获得了哈佛领导力辅导学院的卓越远景奖。此外，他还获得了两个荣誉博士学位。

弗里斯教授是美国、加拿大、欧洲、非洲和亚洲顶尖公司在组织设计、转型和战略性人力资源管理领域的顾问。作为领导力发展领域的全球顾问，他的客户来自 ABB、荷兰银行、埃森哲咨询、荷兰全球人寿、法国液化空气公司、加拿大铝业、阿尔卡特、阿布扎比先进技术投资公司、贝恩咨询、奥陆芬音响、邦尼集团、英国石油公司、凯恩酒店集团、德意志银行、爱立信、通用电气资本、高盛、喜力、哈德森、联合抵押银行、天达、毕马威、乐高、利宝保险、汉莎航空、灵北制药、麦肯锡、澳大利亚国家银行、诺基亚、诺华制药、诺和诺德、起源、南非米勒酿酒、壳牌、喜威、史宾沙、南非标准银行、三方对话银行、联合利华和沃尔沃汽车。作为一名教育家和顾问，他曾在 40 多个国家工作过。在担任顾问期间，他还是 Kets de Vries 研究所（KDVI）的创始人。该研究所是一家从事高端领导力发展咨询的公司。

荷兰政府授予他奥兰治-拿骚官佐勋章。他是第一位在蒙古国飞钓的人，还是纽约探险家俱乐部的成员。在工作之余，他的足迹遍布非洲中部的雨林与草原、西伯利亚的针叶林、帕米尔高原和阿尔泰山、阿纳姆地乃至北极圈。

第 1 章

引　言

人们受到的最大的欺骗，来自他们的观念。

——莱昂纳多·达·芬奇

从来不改变观念的人，犹如死水，只能繁殖心灵的爬虫。

——威廉·布莱克

竹之柔韧，强于橡木之刚硬。

——日本谚语

所以，你喜欢这项能帮助他人学习和成长的挑战，对吗？你希望人们能工作得更高效，而你愿意帮助他们改变，对吗？你是否在认真考虑成为一名高管教练，或者另一种情况，你希望更好地辅导你公司中的其他高管吗？我得提醒你，你正踏上一次挑战之旅。就像老话说的，“生于忧患，死于安乐”，只有在挑战中人们才真正活着。事实上，我总会对辅导过程所迸发出的力量惊奇不已——它有一种巨大的能力，能够激发出受训者从未知晓的潜能。但你知道做一个高管教练需要什么特质吗？你知道它所需要投入的努力吗？做一个优秀的高管教练，需要对人类行为的深刻洞察和组织管理的知识储备，还需要耐心、毅力和不懈的努力。

简而言之，在我看来，做高管教练就是要允许高管们向你讨教——这是一个关于如何倾听，以及如何引导他们达到最佳心理状态的过程。我发现（如无意外，所有经验丰富的教员都会发现这一点），影响他人的最佳方式，就是倾听他们的故事。通过帮助受训者构建一个严谨而全面的个人故事，让他们讲述出生活中不可或缺和令人苦恼之事，他们就会自己察觉被忽略的事实。虽然过程并不总是一帆风顺，但我向你保证，它会带来无与伦比的成就感。在他人的自我发现之路上为他们提供帮助——帮助他们认识什么是重要的，什么是擅长或不擅长的，以及那些能让人成为更好的自己的事——会是激动人心的。就像老话说的，人的思想一旦扩展，就不会再和从前一样。

不过，你应当意识到可能面临的严峻挑战。把门打开是一回事，让受训者跨进门槛又是另一回事了。如果面对的是不善相与的客户，其难度不下于拼出一幅 5000 块的几乎全是蓝天的拼图——其艰巨如此。

你也应当清楚，当你的客户们说他们想要改变，想要向前迈出一步，通常这不过是口头支持而已。他们的头脑中也许产生了想要改变的想法，但是潜意识中是另一码事。更有可能的是，他们只希望别人做出改变。

你需要认识到，人类行为相当大一部分，也许是最大的一部分，是来自潜意识。许许多多的人并没有意识到，他们对自己来说是陌生人。他们并不清楚自己行为的原因。高管教练们必须对这个事实保持敏感，那就是人们口中想做的和他们实际做的，是截然不同的。实际上，和他们打交道你会发现，很多人陷入了一种壮烈的自我毁灭的趋势，并在这个过程中破坏着他人的生活，甚至他们所属的公司组织。

很多高管引领他们的公司走向成功，另一些则走向失控，还有不少是两者并存。作为一个高管教练，你经常需要处理后两种情况。因此，我必须指出，辅导那些能把下属和公司带向疯狂失控的管理者，需要强大的想象力和人际关系敏感度。如果有一些临床判断力，在我看来则更佳。由于潜意识活动的重要作用，你遇到的许多人（包括你自己），都会有严重的盲区。我们每个人都有自己黑暗的一面。我们在自己思想的地下室中找到的东西，可能使我们震惊——满室枯骸。但你无须被它吓倒。那是人类状态的一部分。它让我们成为真正的人。

“临床”一词意为“在床边”，它指出了客户过去行为与现在行为之间的联系——毕竟，过去是我们观照当下和远眺未来的镜头。认知行为学理论对此有指导作用，但动态的心理解读也同样有意义。只要是不带僵硬教条的好理论，都有助于让领悟之光照进行为的黑暗。

你遇到的很多人都会重复过去的行为模式。你面临的挑战是要让他们意识到，一个人 10 岁时的行为模式——乃至生存策略——即便再有效，在40岁时也很有可能不再适用了。你的客户却可能意识不到这一点。正如文豪歌德说过的那样，“近在眼前的，往往是最易被忽略的”。你需要帮助客户意识到，他们正不知不觉地身陷一个自动导航系统，他们可能正在遭遇发展困局。他们只有意识到这一点，才会考虑做出改变。

你的另一件利器是对企业组织本质的透彻了解。企业组织是一个相当复杂的实体。专业的高管教练需要了解商业组织的运作方式、具备策略和结构方面的专业知识、熟稔于机构组织的动态变化、充分理解公司的企业文化并能够以公司特有的方式进行沟通。这就意味着，你在工作时始终应该保有系统性的方向。你需要明白，公司是一群杰出人才组成的共同体，而要实现高效，他们必须各适其位、协力同心。

你还应该记住，在这样的工作中，咨询和辅导之间的界限可能相当模糊。我始终认为，高管教练的作用，不应该是为无能的CEO提供教导。我们的角色不应该是老师，而是“唤醒者”——我们应该帮助领导者们深入思考并解决他们自己的问题。我确信，高管们需要自己处理问题，而不是陷入对导师的依赖。

显然，高级管理者对员工们的健康、幸福和事业前景影响深远。他们可以创造一个让员工成长并发挥最大作用的良好环境，或者起到完全相反的效果。实际上，一些高管（有意识或无意识地）在制造有害他人生活的恶劣环境。如果一位高管在心理结构上问题重重——甚至是扭曲的——那么，所有的商业计划、想法、人际互动，甚至企业本身的系统和结构，都有可能沦为这种扭曲心理的镜像呈现。你应该始终对此保持警觉，那就是管理者的有害行为会渗入到企业文化之中，从而像病毒一样感染所有在那里工作的人。

作为精神分析师，我从工作中了解到，心灵扭曲的人往往在童年时期有过不幸的经历，而他们在工作中展示出来的，不过是这些经历的重演。这样一来，他们就把员工的生活也变得苦不堪言，而他们无论走到哪里，都让人感到不快。他们将自己的内部世界外化，把个人的问题带到公共事务中。可悲的是，我遇到的案例中，经常有给下属带去极端压力和神经衰弱的恶劣老板——这绝对无法帮助公司提高生产力和鼓舞员工士气。

有趣的是，现实中的许多高管，和管理学教材里描述的那些理性的先生女士正好相反。正如我经常见到的，期望和现实之间有巨大的鸿沟。鉴于有害人格的破坏力，作为一名高管教练，你需要了解压迫型高管和启发型高管的区别何在。是什么让他们具有特殊的有害人格？他们的决定性特征是什么？

为了帮助你切身了解辅导中可能遇到的困难，我得把这些恶劣老板——至少是象征性地——“放在沙发上”。在第 2 章中，我将描述我在职业生涯中辅导过的一些复杂难解的高管，以帮助你更好地洞察他们个性的全貌。请注意，这只是示例——实际中还有多种变体——“典型”性格只是例外，而不是标准。我们的身边没有多少教条式的“典型”。你应该已经知道，人是一种复杂多变的生物。公平而言，我们中的大部分都是“混合型”性格。我遇到的许多有恶劣行为的客户都是多种性格类型的混合，却仍然给自己和他人带来严重的麻烦。他们与人相处方式给人以恶劣影响。他们是破坏大师，造成的创伤难以治愈。他们投下巨大的暗影，久久不能散去。

第2章

自恋的管理者

大部分时候，人们对除了自己以外的事毫无好奇。

——约翰·斯坦贝克

除非与我有关，否则我根本不在乎你的想法。

——科特·柯本

自恋者至少有一个好处，那就是几乎不会被对手影响。

——G. C. 利希滕贝格

在高层管理者中，最常见的领导风格就是自恋。事实上，此类人格在高管中为数众多，而管理层与公司脱轨的现象，常常就是自恋过剩的副作用。在那种情况下，管理者的职务和他们的性格错综复杂地相互作用，导致组织结构失去稳定，最后渐渐腐化崩溃。

自恋是一种心理状态，具有其独特的病因、行为方式、好处和弊端。话虽如此，但人们并不是泾渭分明地分属自恋或不自恋。我们每个人都多少带有自恋人格，只是程度不同。事实上，人们需要一点儿自恋来保持正常工作和生活——健康的自恋是身体免疫系统的一部分，让我们在无常世事中得以自我保全。它是自信、魄力、表现力和执行力的基石。自恋让我们能够行动，能够欣赏和鞭策自己。但自恋的钟摆如果摆得太远，就成了一种人格障碍。真正的自恋患者受到自我宏大幻想的驱使，他们自私冷漠、过度需要关注、占有意识强烈，并不惜一切代价地追逐权力和声名。

要评估某人是否是真正的自恋患者，需要深入他的内心世界。大家都清楚这并不容易。但是，你可以观察他的行为表现——这就是我们需要下功夫的地方。了解自恋症的外在表现能够帮助你看懂这个人；它告诉你将面对的是什么，他们令人费解的行为从何而来，以及应该如何应对。

在不当的教育环境下成长的儿童——不论是过度刺激还是刺激不足——都会带有性格的扭曲和不稳定。问题在于，一些父母对他们的孩子看似非常关心，事实上却缺乏真正的关注，更没有和孩子进行充分情感交流的能力。这会导致性格上的扭曲失衡，也就不足为奇了。一些孩子可能会变得缺乏安全感，并过度贪于索取，他们无法发展出自信心来抵御生存的焦虑，反而总是生长在一种不足和自卑的感受中，而这种感受会困扰他们的余生。由于这种基本的不安全感，无论走到哪里，他们都会产生一种被剥夺、空虚、愤怒和渴望的感觉。因此，他们对任何威胁自尊心的事，无论是来自真实还是想象的，都会表现出高度的敏感，而这样的自恋情结，最终可能导致有害的行为。

我见到过这些孩子是如何执着于他们的宏大幻想的——“我不只是还不错而已；我是最好的。”——他们就是这样启动自己的心理引擎，产生过度自恋的行为（你应该把这种行为模式看作他们的自我防御，防御的对象是总是感觉不满足和不够好）。在整个童年时代，这些成长中的自恋者都在努力吸收任何养分来支持这种脆弱的宏大幻想，他们学会美化自己的外表，学会取悦他人，或者通常就只是通过努力学习和工作。典型的情况下，这种行为会持续到成年期，因为这通常是通向成功的康庄大道。但是在此过程中，他们变得执着于权力、地位、声名、金钱、优势和荣耀。

你应该时刻意识到这一点，那就是自恋者举手投足时的魅力四射（这就是他们上位的方式）其实不过是伪魅力而已，它们只服务于自恋者自我扩张的目的。他们把所接触的人，都看作自己通向成功的卒子——也包括作为高管教练的你。你可能觉得自己被利用了，但自恋者将自己视为最特别的人，并认为规则都是为别人制定的，他们无须遵守。他们的占有意识意味着，一旦他们没有得到想要的东西，就很容易爆发怒火。他们的自尊心还相当脆弱，这就有意无意地造成了形式多样的权力施压。

自恋型的领导者和同事及下属间的关系常常是扭曲的。空虚感使他们迫切需要旁人给予他们反应。作为教练你会注意到，当员工和自恋型老板相处时，很快就能意识到，他们必须赞美和讨好老板。自恋的领导者喜欢这种赞美。这是一种配套的情感需求；一旦缺少赞美，他们就会浑身不自在。他们想要别人欣赏他们的做法，并且需要成为关注的焦点。然而这种互动模式带来一种风险，那就是形成一个互相吹捧的社会系统，在其间每个人都只听到和看到他们想要的东西。

作为一个高管教练，你应该始终对一个事实保持敏感，那就是：权威之侧无坦率。自恋的领导者周遭总是环绕着唯唯诺诺的人，这些人以最快的速度学到，如果不接受领导看待世界的方式，就很有可能遭受怒火的轰炸。自恋者容易把任何形式的意见相左，当作对他们的人身攻击。由于被反驳，他们感受到无助和羞耻，而暴怒则是这些感受的反作用。这种失去理智的暴怒，是孩童行为的重演，区别只在于，现在他们挥舞着企业组织中权力的大棒，造成的破坏性不可同日而语。

让我来给你讲讲西蒙的故事。我第一次听说他时，他被看作公司前途最光明的年轻高管之一。但是一些非执行董事不太认同他成为下一任 CEO。他有能力把公司提升到新的水平吗？他有足够的成熟度吗？这些质疑，促使艾格尼斯，也就是公司负责人才管理的副总裁，找到我来担任西蒙的高管教练，目的是为他的继任做好准备。

为了帮助我更好地了解西蒙的情况，艾格尼斯向我表示了她的几个担忧。她首先告诉我，西蒙在到任之初，曾经做出一系列草率的决定，这些决定被认为是与企业文化背道而驰的。这就引出了一个问题，他是否了解企业文化的意义。他真的希望接受企业的工作方式吗？他是否意识到规则是适用于所有员工的，而他自己也不例外？

另一项批评，是针对他对促成大生意的热衷。艾格尼斯告诉我，西蒙已经与投资银行探讨了可能的收购项目，并罔顾其他人的劝告，开始实施一个宏大的扩张计划。他显然急需在报纸上看到自己的名字，而不顾他人提出的“应该”和“不应该”。公司中的一些人把他视为一个“利用人者”；他们感觉正在被他利用，而和他打交道很难获得同等的回报。有人表示，感到自己像是一台大戏的一部分，而这出戏最后通向的是西蒙的成功。所以基本的问题是：他是在为公司出力，还是只是把公司视为跳板？

在艾格尼斯的印象中，西蒙认为，规则是对他人适用的，而他自己却不必遵守。还有人反感他为当选“年度商业精英”而进行的游说。还有，他还做出决定，把区域总公司迁往一个更高端的新址。考虑到他们一直在狭小的环境里工作，搬迁可能是一个不错的决定，只是其实际开支比预算大了太多。不但如此，他还（艾格尼斯听起来有点恼怒起来）准备租用一架小型公务飞机——他提供的“蹩脚理由”是，因为总部搬迁，与其他分部之间的联系会有点困难。

不过，最终让艾格尼斯决定与我联系的直接原因，是她在公司一次年会中与西蒙的几位下属进行的非正式谈话。下属们反复提到，他们不喜欢办公室的现状。一些有能力的人因为竞争离开了；另一些则正在申请调任，并开始联系猎头。于是，她和其他人一样，开始怀疑西蒙是否真的是众望所归的金童，并询问我能否跟他谈谈关于辅导的事。

我和西蒙的第一次见面是愉快的：他身材高大，衣着得体，亲切友好，举止带着一点轻浮风流。他非常健谈，并不遮遮掩掩，似乎很愿意敞开讨论任何事情。他开始谈到他在公司相对尚短的资历，以及他是如何从竞争对手那里“偷猎”到这个机会的。他还提到，由于商业企业常受到工资过高的指控，媒体对他的薪资水平太夸大其词了。他其实很喜欢上一份工作，只是短时间内通往顶层的通道并不明朗，这也是他接受现在这个职位的主要原因。

当我问起他关于未来的看法，西蒙显然认为，总裁的位置他已经胜券在握。他没太把其他竞争者放在眼里，看上去信心十足。

从他的谈话中，我注意到西蒙生活在一个二元世界中，在那里人们对他的态度只有“支持”和“反对”两种。他明确表示，反对他的人都应该做好被当成靶子的准备。多疑型的偏执思维方式是自恋者的标签（偏执已经取代痛风成了现代的“帝王病”）。按照我从公司其他人那里了解到的，西蒙也不例外。按照他的看法，总有人在针对他。在不长的任期内，他已经解雇了团队中数位较有独立见解的成员。还有几位高管，在站队时略显出犹豫，就很快变成他发怒的对象。可以想象，这种看世界的方式，会制造一种多么扭曲的氛围。

作为一名高管教练，在和西蒙这样的人打交道时你应该时刻保持警觉。你要注意建构对话的方式。还有一些注意事项需要留意。你需要表达出尊重的感觉，并承认他们希望在别人眼中自己是重要的。尽一切努力（至少是在刚开始的时候）不去打破他们自我意识的微妙平衡。同时，你不应该强化他们对自己的宏大幻想（不要否认他们在与人相处上有不当之处），也不要强调他们的弱点（否则可能会吓坏他们）。作为一种辅导策略，我的建议是表现出同理心、赢得自恋者的信任，只有在取得信任之后，才能踏出与他们弱点对抗的一小步。

显然，如果他想要在 CEO 的位置上有所作为，需要有人帮助他了解这种行事方式的负面效应，以及这会怎样影响他对现实世界的感受力。在帮助西蒙改变行为模式这件事上，我的“盟友”是他对 CEO 职位的渴望。利用自恋者的竞争天性来引导他们，往往是有效的，而且不会加剧他们自我膨胀的倾向。

我采取逐步建立其自信心的办法，慢慢减弱西蒙的偏执和好大喜功。这些不良倾向的来源是自我防卫。在辅导中，我对自恋者的理想化倾向加以利用。西蒙喜欢把理想化的想象“转移”到权威人士（也就是我）身上，这一点有助于在我们之间建立一种更稳定的工作关系。在这里需要注意的是，所有关系都不是新出现的。我们所有的人际关系，都染上了过往关系的色彩。作为教练你要知道，客户会把以前和其他重要人士交往的情感体验转移到你身上。当你利用这种理想化为辅导服务时，必须记住，钟摆随时可能摆向相反的方向，你对他而言随时可能迅速贬值。所以，不管这种辅导关系中的理想化达到何种程度，我的建议是利用它，来帮助像西蒙一样的自恋者快速建立一个不那么脆弱的自我形象。

这种调整并不能快速起效。在西蒙的例子里，过了不短的一段时间我才看到成效。在我帮助他建立自信心的过程中，我渐渐地发现他变得不那么急于索取，更能够和别人分享聚光灯的关注，更具有同情心，更愿意为下属提供帮助和指导，并且与企业的文化和价值观更加步调一致。总的来说，他的行为变得更脚踏实地了。而另一个显示出他的内心正在变得更加稳定的积极信号，就是他决定把公务飞机卖掉。这是他的个人行为方面，而从事业方面看，公司的主要决策者们也注意到了这些变化，并对此相当赞赏。

为了保证西蒙的“新自我”能持续下去（千万不要大

意，人们极容易退回到过去的行为模式)，我建议他参加我运营多年的 CEO 小组研讨会。我想参加这样的小组活动，能帮助他更好地维持自我形象的健康平衡。

在老 CEO 退休之时，西蒙果然当选为公司新的领导者。

第3章

疏离的管理者

其实，我是一头荒原狼。这迷路的野兽，在怪异难解的世上找不到家，也找不到欢乐和养分。

——赫尔曼·黑塞

依附制造幻象；只有不依附于人者，能获知世界的真相。

——西蒙娜·韦伊

孤立带来一种特殊的心境。不让一个人以人类天生应有的方式去感受，也许是世上最严酷的徒刑。

——詹姆斯·迪基

有些人与他人的关系很亲密，而有些人却很难做到。如果你是后一种人，会感到和他人的接近让你不舒服。但你必须明白一点，那就是：人际亲密度是一个人状态的核心。这一点，对于教练工作至关重要。你必须时刻观察受训者处理人际亲疏的方式，以及他们在寻求情感满足时，对他人的依赖程度。

你需要了解，我们每个人和他人互动的方式，都来自自小习得的某种让我们感到舒适的亲附模式（attachment patterns）。就像其他很多事情一样，给我们提供舒适感和不适感的因素，根植于幼年时期。幼年期的我们，心灵极易受到影响，而让我们感到舒适的关系模型，就是从那时开始形成的。更准确地说，它开始于母亲和孩子间的“共舞”。孩子与主要抚养者的关系模式，是我们成年后与他人关系模式的原型。幼年期的母婴互动模式，决定了我们现在和将来所有人际亲附关系的性质和质量，这一点值得反复强调。

形成亲近关系的能力是由生物本能驱动的，它是我们进化的产物。作为智人（homo sapiens）的我们，就像我们的表亲类人猿一样，天生配备了一套本能系统，帮助我们平安度过脆弱的婴儿期。为了心理和情感上的生存和发展，抚养者和婴儿脑中有一套预先编码的本能系统，用以培养亲密的关系。显然，一些母亲更懂得如何满足婴儿的需求并保护他，这样的婴儿更容易存活下来，把基因传递下去。

基于幼年亲子关系的性质和质量，孩童会在心理上发展出一套人际关系模板（一个包括思考、记忆、观念、期望、情感、对自己和他人采取行为的系统）。这个模板，也就成为日后其他人际关系的模型。这些亲近关系在我们的内心舞台上如何运作，很大程度上取决于我们和抚养者的互动。这一机制的运作结果可能是正面的（如诚信、可靠、助人于困境之中），也可能是负面的（如无法信任他人、冷漠自私、拒人于千里之外）。可以想见，同样的动机系统，既是婴儿依赖抚养者的基础，也是日后成人生活中与他人建立感情联系的基础。你应当知道，随着我们年龄的增长，亲密模型会从父母（或其他抚养者）转移到其他人身上。幼年建立的亲附关系的质量，将影响未来的成人关系，如爱情、友情和工作关系。

如果婴儿的亲附关系是安全的，父母总是对孩子的需要做出合适的回应，长大后他的个性就体现为诚信可靠、关怀他人。这样的人感到自己被需要、有价值、有能力，并且能够爱人。这样的经历，为建立一个可靠而稳定的自尊感奠定了坚实的基础。自尊感是相信自己有能力、有价值等感受的融合，它能让人在“孤立”与“独立”之间取得健康的平衡，也能帮助我们培养同理心、同情心和良知。

相反，如果孩童对亲密相处的需要总是得不到满足，他们就会感到不安全（这个过程会反映在成人后）。在一种混乱无序、亲人缺席、得不到回应的亲子关系下成长，往往导致对亲近关系的回避。这些人从婴儿时期就已经学习到，向抚养者寻求亲近不会得到回应。在这种机能失调的抚养模式下长大，孩子会自尊感不良，感到自己不被需要、没有价值、孤立无援、毫不可爱。了解他们的童年经历，能帮助你理解为什么他们觉得别人（包括作为教练的你）无法回应他们的需求，并认为他人是迟钝麻木、让人痛苦、不值得信任的。这样的人，大都认为世界是不安全的，而生活是痛苦和沉重的。

你还应该留意这个事实：为了得到抚养者的某种回应，这些孩子有可能采用一种极端策略：要么是过激反应，要么是零反应——换言之，他们要么狂奔向你，要么远离你。

这些策略可以解读为夸张化了的幼年亲附行为。这些孩子中的一部分会非常黏人、情感饥渴（总是寻求舒适或寻求关注），而另一部分采取回避策略的孩子（他们从照料中感觉不到足够的支持和一致性）就会比他人更倾向于情感疏离和独立。后者会在处理亲密关系上遇到问题。靠近他人会让他们感觉不适，而亲密让他们感到紧张。

用“疏离的管理者”这个说法，我指的是那些不知道如何与人亲近的高管。他们很难完全信任或是让自己倚靠他人。虽然他们中的一些人想要和他人更亲近，但还是会以疏离作为心理上的防御策略。他们通常很少表现出需要他人的迹象，不打算吸引别人的注意力，并倾向于靠自己解决问题。他们可能缺乏（或不愿表示出）同情心，或者甚至以取笑他人的短处为乐。他们保持安全距离，害怕自己会受到伤害。

回避亲近关系的类型有两种：“恐惧型”和“不屑型”。恐惧型的人避免亲近，主要是为了避免被伤害或是被拒绝。即便他们想在人际关系中有更紧密的感情联系，也很难完全信任或倚靠别人。他们无法或者不愿和别人分享自己的想法和感受。他们通常找借口来避免密切相处（例如与同事长时间一起工作或者出差)。他们在爱情和社交关系上投入的感情很少，在关系结束时也较为轻松。其他常见的特征包括，他们不会在困难中支持自己的伙伴，也缺乏同情的天性。

相比之下，“不屑型”的人不会感到自己需要亲近关系，他们深深地压抑了自己情感的一面。他们拥有极强的防御系统，把情感需要深埋地下。这是一种具有高度防御性的自立模式。这些人往往是真正的孤独者，他们把人际关系、感情和情绪看作微不足道的。他们对冲突和压力情形的典型反应，是迅速与它们保持距离。

我来举一个例子，说明我是怎么理解这类疏离者与回避者的。我们的相识是从同行的一个电话开始的，我和这位同行在一家电信公司共事过，她请我帮个忙。由于她正在辅导那家电信公司的CEO，所以无法接手其他高管的案子，但她得知，主管信息系统的副总裁多丽丝遇到了问题。公司其他一些高管很担心她的状况，并感觉她需要帮助。我的第一反应，是问多丽丝本人是否感觉需要帮助。在一阵沉默之后，她回答道，由于她们还没进行过认真的交谈，所以还不能确定。但是在做出一系列不合理的决策后，多丽丝的职权范围已经被大幅缩减了，所以她认为多丽丝应该会考虑接受辅导。她补充道，她知道我下周正要前往这家公司，做一个针对高管的、关于领导力辅导和反馈的演讲。她认为这是一个和多丽丝见面并开始辅导的好机会。但她提醒我，这将是一个挑战。多丽丝不是温和热情的类型。她总是独来独往，并且尽管已经快50岁了，但她从未结过婚，或是（据她所知）经营过一段稳定的关系。

接下来的一周，在结束研讨会之后，我设法和多丽丝说上了话。在鸡尾酒会上，我看到她坐在远处的角落里，于是我走过去，开始和她交谈。一开始不太顺利，多丽丝显得有些冷淡，不过我很快发现她是位爱狗人士，并以此获得了她的注意。我们的话题从狗聊到了职业生涯，在最初的迟疑之后，多丽丝终于向我询问，是否能在客户陷入职业困境时提供帮助。在我给出了肯定答复后，她犹豫地告诉我，她的工作不太顺利。她说道，在作为部门主管的时候她工作得很出色，但升任副总后，新工作没有成为机遇，反而成了负担。这个职位让她在公司里变得更显眼，这让她感觉很不舒服，也就导致了一些冲突和一些错误的决策。当人力资源主管告诉她，公司里的一些人不喜欢她的管理风格的时候，问题达到白热化。没多久，她的一大块儿职责范围就被剥夺了，也就是事实上的降职。现在困扰她的问题是，她不知道能做出什么改变、是哪里出了问题。她的下一个问题突然蹦了出来："你觉得接受辅导有用吗？"你可以猜到我的答案了。因为这家公司对高管辅导的支持，以及愿意再给多丽丝一次机会的态度，很快，我们就安排好了辅导日程。根据合同，我会和多丽丝见面12次，然后再看看我们下一步应该采取什么措施。

首先，除了狗狗，多丽丝的生活还有许多层面。在我渐渐了解她后，我发现她是一个梦想家，拥有丰富而复杂的幻想生活。但同时她又非常孤独。显然，她在社交和情感上回避的态度，阻止了他人与她建立亲近的关系。她的晦涩难解更加重了困难。其他人很难对多丽丝的行为做出合理解读，这让他们觉得不舒服。根据我的所见，她似乎对正面和负面的反馈都无动于衷。举个例子，当我热烈赞扬她之前在公司取得的出色成就时，她毫无反应，而换作其他人早已喜形于色了。

没错，多丽丝是一个回避和疏离型的人，你可能已经猜到，要辅导他们是困难重重的。从我过往的经验来看，回避型的人通常对自己人格形成的原因毫无察觉。他们也不是那种对辅导表示欢迎的人。只有当这种心理失调已经严重干扰他们的生活，或是出现负面作用时，他们才会寻求帮助。我意识到，多丽丝同意接受高管辅导的唯一原因是她的降职——在她看似无动于衷的外表下，她对工作是有野心的。我很清楚，工作对她来说意义重大。因为她的生活里几乎已经没有什么别的事情了。

有亲附障碍的人往往具有很强的理性能力——他们总是对自己的行为方式做出合理化解释。但实际上我发现，他们才是自欺欺人的大师。我知道如果想帮助多丽丝做好转变的准备，多管齐下才是最有效的干预策略。在处理有亲附障碍的客户时，下面这些辅导策略对我有帮助：心理动力学探索，认知和情感重建，小组辅导，反向干预，动机性访谈，以及心理剧（角色扮演）的应用。这些策略的组合使用，能够突破他们的心理防御工事，让这些自我回避、与人疏离的高管重新发现和确认他们的情感障碍。这里需要注意的是——如果客户在服用抗抑郁的药物，那么他们对焦虑和抗拒的感受可能更加不敏感。有时候，药物和心理辅导的结合，可能比单独使用其中一种更加有效。

疏离型高管往往有社交障碍，或是感到自己社交无能。由于在社交中感到力不从心，他们会尽力避免参与社交或是其他任何需要与他人互动的活动。他们常常在心里放大对自己的负面评价——有一些可能还停留在潜意识层面，这让心理干预更加困难。多丽丝也不例外。她没有坚定的自尊感。她需要培养更强的自信心，尤其是在人际关系当中。

我认为给多丽丝多布置一些“家庭作业”会更好，这是我在辅导中经常采取的办法。我要求她慢慢面对她最害怕并时常逃避的那种情形。这种系统性的自我曝光（通过设计一些结构性的练习），再加上对他们不切实际的自我评价系统进行重构，会把疏离者的理想和情感引到正确的道路上来。由于他们尽可能地回避社交场合，他们的人际技能（如果还有的话）会萎缩，或压根没有真正发展起来。因此，帮助他们掌握主要的人际交往技能、学习如何开启和持续一场对话，会是非常重要的。

我还想帮助多丽丝深入了解为什么她不愿意与人接触。经过大量的鼓励和提示（这不是一个容易的过程），她终于做好准备——谈谈她的成长背景。我了解到，她的童年非常艰难。她是一个孤儿，在孤儿院生活了许多年。和我们大部分人不同，她从来没从负责抚养她的成年人那里感到任何温暖，或建立任何感情联系。根据我的了解，她只和孤儿院的少数几个孩子有情感联系。这也是她仅有的（非常偶尔的）社交关系。除了照顾两只狗之外，她的生活显得非常孤独。她没有亲密的朋友。她甚至对此做了理性化解读，认为没有朋友并不影响她在现在的生活中感到快乐。她从未提到任何爱情关系。显然，由于她在人群中无法感到自信和安全，于是选择了一种隐世独立的生活方式，这种行为现在对她的工作产生了负面影响。当她在中层工作时，她还能把自己隐藏在雷达之下，但现在情况已经发生了变化。

在辅导多丽丝这样的人时，你需要非常小心细致，因为他们很容易受到惊吓。不要被他们的外在态度迷惑。他们看起来可能漠不关心，不管是对周遭事物，还是对作为教练的你，但事实却完全不同。他们看起来也许淡漠疏远，但其中的一些人（不包括不屑型的人）却可能是感情极度敏感和孤独的。他们也许想要接近却不敢这样做，因为之前有过惨痛的经验。他们需要大量的个人空间和很长的时间，才能向你敞开内心世界。所以，尽管我需要和多丽丝保持联系，却总是提醒自己，不要施压过大而吓坏了她。

在任何形式的高管辅导的过程中，获得并保持客户的信任都是至关重要的。对有亲附障碍的人来说，建立融洽而互信的辅导关系是一个缓慢、渐进的过程，而且可能永远发展不到充分的程度。作为教练，在工作中你必须努力确保客户感到安全。辅导这一类型的客户，尊重他们的私人空间十分重要，你必须时刻警惕，不要在这一问题上越界。我需要小心地不去“扼杀”多丽丝的尝试，并为此忍耐她的一些可能出现的“表演”行为。

我感觉到，理解多丽丝幼年的心理动力形态很重要。了解人们如何从悲伤和失落的经历中修复情绪，往往是所有亲附障碍解决的关键。多丽丝和我花了大量的时间在这些问题上。原来，她的双亲都在一场车祸中丧生，而其他的亲戚都不愿意抚养她——这必然会让人产生不被需要感。在渐渐信任我之后，她慢慢敞开心扉，谈及在孤儿院的多年里，她经历的愤怒、悲伤和孤独。我感到，这样的经历挖掘，有助于她了解自身感受出自何方，以及疏离的人际模式的根源。我还投入了大量努力，帮助多丽丝提高她的应对技能，让她能够更好地进行社交互动和交流。这些训练——以及她取得的小小的进步——确实对提高她的自尊感起到了很大作用。

在12次辅导结束后，我建议多丽丝，如果愿意的话，可以继续约见我，并且邀请她参加团体辅导项目。在小组环境中她能够有更多机会与人接触，我希望这能帮助她练习和提高新学到的人际技巧。如果是以前，这样的建议我是不敢提出的，她一定会被吓坏，甚至就此自我封闭起来。或者，如果加入小组的时机不成熟，她也可能因为无法忍受成为社交中的一员而早早退出。但在完成了我们之前的准备之后，我确信多丽丝已经有能力应对团体情况了。她努力提高自信感，并具备了最基本的社交技能，还学会了更好地接受团队中的动态变化。我认为小组辅导能够加固她需要的自我支撑，并增加她的社交动力。

其后的一年，多丽丝一直是我的客户。看到她的进步，我非常欣慰。上一次见到她的时候，她说她已经“不再依赖狗狗”——并且告诉我，她已开始了一段认真的感情。此外，虽然我知道工作上的事一定有了改观，但是还是很高兴从同事那里得到证实，说多丽丝已经拿回了自己原有的职权，而她也对多丽丝的改变感到非常满意。

第4章

偏执的管理者

这个世界上，只有偏执狂才能生存。

——迪恩·库茨

你是个偏执狂，并不意味着人们不会追随你。

——约瑟夫·海勒

有信任障碍的人应该看看镜子，镜子里的那位，才是最会背叛他们的人。

——香农·奥尔德

亨利·基辛格曾经说过，“即便一个被害妄想狂也有敌人”。确实如此，偏执多疑的客户会让辅导变得更困难。我们不能否认，合理的怀疑是一种为适应环境而生的机制。对真实或潜藏的危险保持警觉，是人们生存本能的一种延伸。但怀疑需要以适量的现实来中和，否则就会陷入完全的偏执。明智的高管，将他们的行为建立在高度组织化的实践中，这样的实践能反复测试和避免风险。他们还依靠身边值得信赖的员工，来帮助他们保持清醒和理智。而在另一些真正多疑和偏执的高管眼中，一切就完全是另一回事了。

我们需要接受这一现实，那就是面对生活的种种境遇，每个人都有一定程度的偏执，这是很正常的（比如说当我们要处理堆积成山的工作时）。然而，严重偏执的人把这种倾向极端化了。他们的偏执和多疑充斥于工作和个人关系的每一个角落。他们无法分清危险和安全的区别，于是在他们眼中，处处是危险，人人有敌意。他们时常质疑周围人的可信度，生活在一种遭受阴谋和迫害的妄想中。这就是辅导偏执者的棘手之处。

早前我把偏执妄想症称为“国王病”。被害式妄想和夸大式妄想，在权力和政治领域是很常见的。尤其是权力俱乐部的顶级玩家们，例如罗马皇帝卡利古拉、征服中亚的帖木儿、恐怖者伊凡四世、阿道夫·希特勒以及萨达姆·侯赛因。

真正的偏执者往往扭曲了所接收到的信息，并陷入妄想思维和对现实的误判中。应当记住的是，为了应对他们理念中的危险状况，偏执者在脑中创造了一个自以为合理的世界——毕竟，治乱世用重典，危急之际要采取严厉措施。但是，即便他们的推理是合理的，推理所基于的假设却是错误的。换句话说，你可以把他们偏执看作一种失控的理性。

对于偏执之人来说，世界是严酷的，不存在妥协。由于他们内心的不安全感（总是感觉受到威胁），他们必须不断向外部敌人宣战。他们非常擅长将内心的恐惧外化。他们相信所有坏事都来自外部，而所有好事都来自内部，这使他们无法看到，发生在身上的一些坏事，其实来源正是他们自己。当他们遭遇任何挫折时，总是倾向于责备和惩罚他人。他们在头脑中创造了一个严酷的、非敌即友的两极世界，这是他们在复杂多变的真实中寻求些许确定感的方式。可以想象，在这样一个非敌即友的世界，做决策就成了一件无须犹豫的事。

因此，偏执既是国王的疾病，也是他们得病的原因。因为害怕别人居心不良，即便是在最无辜的言论中，他们也会寻找并发现弦外之音。偏执型人格倾向于相信，他人的动机是可疑的，甚至是恶意的。如果在粗略检视后，事实不符合他们的猜测，他们不会感到宽慰，反而会进行更严苛的确认。

应该记住，偏执型客户在感到压力的情况下，会采用相当原始的防御机制。我们所有人都有“一刀切”的能力（把人直接划为“好的”和“坏的”），也都会将我们自己的问题投射到他人身上，这样的行为，可能来自过去为了适应环境而构筑的心理防御机制；但偏执狂们属于适应不良的类型。他们始终无法超越非善即恶、非黑即白的视界；他们似乎无法理解，一个人可以同时激发他人好、坏两种感受。

在辅导这样的人时，要始终记住，不论有没有这种迹象，他们都深怕自己被利用、被伤害或被欺骗。他们可能会将你的无心之举，解读为要迫害他们的阴谋。些微的怠慢，就可能迅速激起严重的敌意，以及很长一段时间的反感。你能够想象，他们好斗而多疑的天性会激起他人的敌对态度，这反而帮他们确认了原本的怀疑。没错，偏执者都擅长于这类自我应验式预言。接下来，他们会进一步质疑他人的忠诚度和可信度。同样可怕的是，他们对侮辱、伤害、怠慢的敏感程度，正和他们记仇和怀恨于心的程度成正比。偏执多疑者，是诉讼的大师。

多疑者的这套做法，会给他们的人际关系带来严重的问题，并影响到他们社交和工作的能力。他们不太好相处。而作为客户，他们不会让你喜欢。他们的多疑可能表现为争辩不休、抱怨不止，或是一种抱有敌意的冷漠。同样，由于对潜在的威胁保持着高度警觉，他们高筑防备、神秘兮兮、狡猾非常，显得冰冷生硬、缺乏柔和。

如果是为你考虑，我不希望你遇到太多这一类型的客户。对他们进行辅导，不仅成功的概率很小，而且可能把你自己的生活弄得一片凄风惨雨。我们都知道，建立信任是辅导的最关键因素，因此，处理他们的案例是真正的严峻挑战。他们从不信任包括你在内的任何人，这让辅导工作变得步履维艰。即使你已尽了最大努力去避免，他们还是会从你的话里中读出某些批评和威胁的意思。

处理偏执型客户的另一个困难是，他们不太可能自发寻求帮助。最普遍的情况，是他人请你来帮助他们。他们一般不会寻求辅导，除非问题巨大到严重影响了他们的生活，或者他们遇上了某些创伤性事件，构成了寻求帮助的催化剂。

偏执妄想症的确切心理成因尚不清楚，但它可能是生物、遗传、社会和心理等多种因素的综合。经过个人观察，震撼我的事实是，儿童早期经历，尤其是受到心理或情感创伤的经历，与偏执人格的形成有着高度的重合率。更不幸的是，如果大人有偏执问题，这种倾向传给孩子的概率就会非常高。

让我举一个例子来说明这种偏执行为。前段时间，我的一位同事为某公司的高层团队做辅导，目的是让成员们更高效地进行团队合作。辅导期间，其中一名成员（我们就且称他为唐尼吧）显然在技术上极具天赋，但从管理角度来看却完全是一场灾难。他的人际交往能力很糟糕，完全不懂如何激励员工，并且团队意识薄弱。从得到的反馈来看，他糟糕的团队表现已经成为公司的沉重负担。公司

CEO 对唐尼不满已久，已经准备炒掉他，但最后还是听从了 COO 的建议，再给他最后一次机会。他们询问我的同事是否可以辅导唐尼。她给出的答复是，鉴于公司 CEO 已经是她的客户了，再接手唐尼的咨询不太合适，但她会介绍另一位教练给他。就这样，我接手了。

以往的经验告诉我，和唐尼这样的人打交道并非易事。长期来看，对偏执行为模式进行心理干预，其预期远景十分不乐观。草草终止的案例，比成功的要多得多。而且每一次和偏执型客户打交道，都需要处理信任危机。

然而，你还是能找到一些帮手。一些偏执型客户有焦虑或抑郁症状，这是其自我防卫系统运作失调的信号。你可以抓住这一点说服他们，让他们相信自己需要辅导。但是，不要抱太大希望。你的运气也许不错，其中一些人对辅导做出了积极回应，但我不得不说，大部分的患者还会重投偏执症的怀抱。处理他们的问题时的最低要求是，只要他们有一丝一毫意愿，改变的希望就会大得多。然而，一般而言，这类患者在其余生中仍会受到严重偏执症状的折磨。

如你所知，和客户建立一种工作同盟关系，是有效辅导关系最重要的一部分，也会为辅导其他客户建立框架和基础。而和唐尼这样的人建立信任，要比辅导其他类型的高管困难得多。

为了确保互信关系，从开始辅导的第一天起，你就需要向你的偏执型客户保证，你俩之间所有工作是完全保密的。你必须事先声明，在辅导过程中，你不会和公司的其他人有任何联系，也不会和负责推荐他来咨询的人有任何交流。你还应该让客户明确知道，关于他或她，你已经得到了什么样的个人信息。

我对唐尼正是这么做的。之前的教训让我学到，在多疑的客户面前需要保持非常坦诚。突出的一点是，他们的幽默感通常很缺乏，所以不要说什么意义不明的笑话或自认为幽默的双关语。在和唐尼这样的人交流时，你应该尽可能地实事求是。为了避免激起任何怀疑，我在和唐尼的第一次会面时，就把我从同事那里接收到的所有关于他的信息和盘托出（如果你提到任何不是从他口中得知的个人信息，会马上激起强烈的怀疑）。

我和唐尼的第一次会面是在他的办公室。开局并不乐观，他的态度十分冷淡。而且，尽管他给人的第一印象是一个高度理性、非情绪化的人，我还是从他说话的方式中，察觉到一种敌对、顽固和讥讽的底色。另一方面，他似乎也在为一些问题发愁。然而，尽管他嘴上对辅导的事表示积极，但我知道事情还远没有步入正轨。

唐尼说，他会抽一些时间给我，虽然他并不觉得有必要。他认为自己在工作小组中被针对了。在他的印象里，因为CEO宣布将在几年内退休，高层团队里的几个人正在为这个位置争得头破血流。唐尼认为他自己是有力人选之一，并认定小组里有几位核心成员一直以来都在针对他。工作组成立后，这些矛盾愈加尖锐了，而他则被当成了替罪羊。但是，他还想留在公司，所以愿意把辅导当作一个机会。尽管上述立场听上去是积极的，但我可以从他选词择句的方式里听出，他并不打算对我坦诚。因为他担心，向我透露信息可能会反被利用、对他不利。

我和颜悦色地问他，能否多告诉我一些公司内部的状况，却听到了令人吃惊的黑暗评价。他一点没打算客气。他说，公司有一种达尔文主义文化，在公司工作，就像在鲨鱼池里游泳，人们在其中互相撕咬、内斗不休。应该说，这完全不是我从别人那里了解到的公司印象，我了解到的情况和这恰恰相反。

他对人际争斗和“总有人要害我”的描述引起了我的兴趣。这个主题在他的话里反复出现。是运气不佳，还是这些苦恼都是他臆想出来的？我的专业知识告诉我应该是后者。在唐尼打过的一些官司中，也经常出现“总有人要害我”的说法。这些官司通常是由他发起，指控一些商家进行“广告欺诈”。显然，我正在跟一个满心怀疑和怨愤的人打交道。这样的人，对他想象中受到的欺骗和伤害既不会原谅，也不会忘怀。虽然我已经对他没完没了的抱怨感到不耐烦，但好消息是，我不认为唐尼的症状到了精神疾病的程度。要知道，偏执性失调是会导致精神病的。但他对现实还有着足够的把握，这让我看到了一线希望。

随着讨论的深入，我得知唐尼离了婚。是他的妻子提出的。我推测——可能并不准确——由于无法忍受唐尼无休止的猜疑和对她出轨的指控，妻子才提出了离婚。我这么推测的理由是，在聊天中，唐尼对婚姻中伴侣的忠诚度问题大加尖酸讥讽。我的理解是，唐尼和大多数偏执行为模式的人一样，不仅有病态的嫉妒心理，而且容易过度控制、批评他人。听他讲述个人生活中遇到的种种问题，我很清楚，他的多疑行为已经给工作带来了负面影响，并且正在摧毁他的生活。

在和唐尼这样的人打交道时，你的每一步举措都要非常小心。他们不是好的合作者。你必须准备好遇到各种阻力。他们对你的每一句话都过度敏感，并非常喜欢批判。请记住，唐尼这样的人随时可能误解你善意的举动和鼓励的话语，或是把这些好意解读为别有用心的糖衣炮弹。他们立马会愤怒地反唇相讥，甚至出言攻击。

另一件重要的事情是，辅导像唐尼这样的人，可能会激起你坏情绪的一面。偏执吸引着偏执。你必须小心地管理情绪，别让自己被逼失控。你得保持冷静。千万小心，不要发表任何会被对方当成人身攻击或名誉攻击的言论——就算你已经足够谨慎，客户也经常会出其不意地抓出你的错处，然后大发脾气。唐尼就是这样。很长的一段时间里，他一直毫无理由地对我的动机表示怀疑。

偏执心态的核心，是一种不足感。从童年开始，他们总是感觉自己能力不够，这让他们始终保持警惕并随时准备发动攻击。要改变这种行为模式，我需要增强唐尼的充实感和自我肯定感。其中一部分，就是要纠正他的许多认知扭曲，尤其是他指责别人的倾向。这个过程包括帮他提高人际交往能力。最基本的，我需要帮助唐尼终止他深陷其中的恶性循环。除了这个难题，我还得接受，他会对辅导工作抱以极大的不信任，特别是在开始阶段。

辅导偏执型客户的重点，是保持简单直接。首先，那些以提供简单支持为重点的干预方法，会是最有效的。在努力与唐尼建立关系的过程中，我使用的技巧称为“协作经验主义方法”。在这种认知指导方法中，唐尼会和我共同协作，完全依据客观事实来检视他的观念。事实证明这很有效。我们协作处理的问题包括：唐尼总是抱有这种观点，认为他人居心不良、恶意欺骗；他总是觉得自己需要密切防范一切威胁。同时，在适当的时候，我需要接受（并承认），他的怀疑在核心层面有可能确有其事，并且承认我的参与可能对公司的权力斗争产生影响。

虽然保持简单直接是这次心理干预的关键，但我没有把辅导的形式局限在一个认知的、支持性的层面上。我同样也引入了有力的心理动力学解释，来帮助唐尼理解他行为背后的深层原因。我想这样的措施组合会是最有效的。同时我也时刻注意不超过他的负荷能力。在他能忍受的范围内，我不断尝试做出调整。我知道，通常来说，参加心理辅导小组——就像他曾有过糟糕表现的工作组一样——对唐尼这样的人来说总是相当困难的。小组式辅导不是解决偏执问题的好办法；因为对他们来说，信任薄弱问题可能永远无法得到充分的解决。

随着辅导的深入，唐尼对我越来越信任，而我必须十分小心，在他的偏执见解和我的客观判断之间取得平衡。即使是在已经建立了良好的关系之后，做到这一点也很不容易。在这期间每当他表现出偏执的想法，我都需要控制自己，不去做一些非客观的评价。我知道，如果我对他施压太紧，就会面临辅导被中止的风险。

渐渐地，唐尼开始解读自己糟糕的童年经历——那时，他不知道继父什么时候就会给他一顿痛骂，这形成了充满威胁的家庭氛围，从而造成了他多疑偏执的心理状态。而母亲在其中并没有给予什么帮助。在他少数几次向母亲坦诚交心的经历中，母亲都转而把他的秘密出卖给了继父。这些谈话都让他对自己有了更深的了解：为什么他会如此行事，为什么他的防备心总是极强，为什么他总是需要发泄抱怨。这些反思，帮助他得以识别和理解他失衡的价值观，及其背后的深刻原因。

随着时间的推移，不管是在撼动偏执观念和思维定式上，还是在以更积极和更真实的想法取代旧有观念上，我的努力都越来越见成效了。进步渐渐有了迹象。唐尼在面对脆弱、无力、自卑的感受时，变得更加勇于接触、敢于直面了。对于莫名其妙的情绪爆发，他也能够更好地控制了。他还开始对自己的受迫害幻想加以读解，努力向自己的一些核心观念发起挑战。我成功打入了他的心理内部。我想，能够成功的关键在于，对唐尼在辅导中表现出的种种不良反应，我表达出同情、忍让、不加个人评判的接受态度，这赢得了他的赞赏。

幸运的是，我不是唯一一个帮唐尼改善人际相处的人。辅导之旅期间，他在公司里找到了一个灵魂伙伴。这位女士说话直截了当，用一种更俏皮幽默的方式引导了他的改变（当然，唐尼一开始感觉到的是恼怒而不是有趣）。多亏这位女朋友，他在工作之外开始有了更多生活。后来，她建议唐尼离开公司，到别的地方寻找机会，这样他就不用再背负黑历史的包袱。

离开公司后，唐尼以个人客户的身份继续接受我的辅导。在换工作 6 个月之后，他向我表示感谢，并表示他现在能够管理好自己了。他感到，女朋友和新工作给了他足够的支持去面对未来的挑战。我祝他一切顺利，之后就没有再见过他。

在你看来，这是否是一次成功的辅导呢？我认为是的。的确，公司在唐尼身上投了一笔钱，最后他却离开了。但是我相信，这对双方来说都是最好的。唐尼有了一个新的开始，而公司做了正确的事，并给了才华横溢但陷入困境的年轻人一个机会。

第5章

双极型的管理者

精神错乱是相对的，这取决于谁、把谁、锁在什么样的笼子里。

——雷·布莱伯利

当你极度疯狂，疯狂到了某个程度，你自己不会知晓。所谓真实，是你之所见。就算所见变了质，偏离了所有人的真实，却仍是你的真实。

——玛雅·郝芭琪

总有这样的时刻，未来的空白极度空白，白得像一堵虚无的黑墙。你所害怕踏入的，不是满是怪物的洞穴，或诸如此类的事。你所恐惧的，是无，是虚，是空。就像展望一个没有未来的未来，你只想逃跑。这个名叫活着的怪物，压垮了你。

——史蒂芬·弗莱

循环性情感症（简称循环症），是双相情感障碍的一种轻度形态，其特征是情绪两极化波动。循环症患者的情绪一时间狂躁亢奋，犹如身处世界之巅；一时间抑郁低迷，犹如身陷深谷之中。在两极之间，他们却可以保持心理状态稳定。他们情绪起伏的程度，不像患有完全躁狂型抑郁症的人那样极端，后者的情绪波动更具破坏性和持久性。然而，这并不意味着循环症没有后果。作为高管，这种两极化的管理风格会带来事业脱轨、失业、与家人朋友疏远、重大财务问题、吸毒、酗酒、疾病，甚至自杀倾向。相较于一些波动更加剧烈的双相情感障碍，循环症通常没有得到足够的重视。

循环症患者在抑郁状态下死气沉沉，而与之相反，在狂躁状态下，他们几乎无须睡眠、如登仙界。狂躁中的他们极富活力、鲜艳耀眼、开朗健谈。在顺境中，他们积极向上；在逆境中，他们保持乐观，勇于承担风险，并敢于采取大胆的举措。他们热衷于追求刺激、新奇和兴奋。他们为实现梦想做出的努力让人敬佩不已。在商业环境中，狂躁的管理者可以在公司组织的建立、振兴和改造中取得令人瞩目的成就，并在需要冒险开拓的时候吸引和团结众人。

可是，循环症还有另外一面。抑郁，总是潜藏在他们身后。

有一天，我接到一位老客户打来的咨询电话。他已无计可施了，不得不对他的 CEO（让我们管他叫弗兰克）进行一点“管理”。他的话是这么说的：“如果共事的人都是精神健康、开心幸福的，那不是更好吗？如果能了解和预见他们的情绪状态，生活不是变得更简单了吗？”

可惜，生活不是乌托邦。虽说极端的大起大落在高管层面上并不常见——大多数的情绪波动都在中间范围内——但也有例外，弗兰克就是其中之一。他的行为非常复杂难解，似乎一直生活在极端情绪状态中。这位老客户告诉我，弗兰克的情绪像是没有中间态一样；和弗兰克一起工作已经把他训练成了消防队员——跟在他身后跑来跑去、时刻警醒，随时准备把情绪大火扑灭。弗兰克情绪和行为的起伏不定已经影响到了公司。情况还不止这么简单。老客户说，弗兰克的精力充沛和热情洋溢极具感染力，总是为下属带来巨大的能量。而且，他有一种将他人吸引到身边的魅力，这当然也是公司最初成功的原因之一。

我一边倾听，一边开始把弗兰克想象成一个奇异魔笛手般的领导者，他散发着领袖魅力，让追随者们如痴如醉，同时也将他们带向深渊。当我把这些话告诉老客户时，他说这完全没错——公司扩张失败，资产流动性问题迫在眉睫，有能力的高管们人心思动，整个公司几乎处于搁浅状态。尽管这听起来是个“不可能的任务”，但我很感兴趣。这会是一个有意思的挑战。我答应去总部和弗兰克见面。

对循环症患者来说，他们大概从记事以来就有情绪波动的问题了。弗兰克就是这样。我们见面后，他告诉我，有那么几个时期，他的人生已经完全失控，被狂热的高峰和忧郁的低谷完全支配。他还向我透露，几年前他的妻子就越来越担心他不稳定的行为，他曾看过精神科医生，也服用过药物。含锂的药物起过一些效果，但感觉却是好坏参半。服用锂之后生活变得扁平了，兴奋情绪也平静了，但弗兰克觉得自己成了毫无情绪的行尸走肉，而且他也不喜欢锂带来的副作用。他还是想念情绪高点时亢奋的感觉，于是停了药。跟服药后四平八稳的中庸体验比起来，他宁愿承受时而亢奋时而抑郁的间歇性发作。

当你辅导弗兰克这样的人时，你需要努力设身处地地想象他们的感受，并理解他们所谓的“高点”是什么意思。当处于情绪高点时，一件如在公园里散步这样简单的事情，也能成为一种近乎神秘的梦幻体验。根据弗兰克的描述，在这种状态下，他的感官完全支配着意识，对周边环境中所有事物的感受力都会加强。不管他在做什么——看花、听鸟、闲谈、交易——都会有更深层的体验。显然，弗兰克沉迷于这种体验。他认为这对工作也有帮助，提高了他和他周围员工的生产力。他亢奋的情绪给工作伙伴带来了能量，也帮助他们把一个个项目变为现实。但是，一旦亢奋消散了，生活就变得黯淡无光、了无生趣。

在情绪高涨的状态下，弗兰克这样的人愿意承担极高的风险。受到自我急剧膨胀的激发，他们往往有着毫无根据的乐观心态，行事冲动而缺乏判断力。由于处在宏大的自我幻想中，他们总是高估自己的能力，承担超额的任务——甚至大到无人可以承担的地步。在弗兰克的例子中，这个问题更加严重，因为他不愿意承认自己的行为是有问题的。身边的人估计，他至少在潜意识上意识到了循环症正在带来麻烦；但他却拒绝了所有的帮助。而且他向来善于伪装出一个美好的表象，所以直到最近，身边的人才察觉事态的严重性。

从谈话中我了解到，弗兰克 23 岁时结了婚，婚姻对他平衡自己的情绪有帮助，妻子给他的生活带来了一些稳定感。不过最近，他们的孩子已到了独立的年纪，妻子开始了兼职工作，和他相处的时间变少了。家人们越来越见不着面，这样的变化打破了家中的平衡。由于妻子全神贯注于事业，近来弗兰克开始越来越多地待在办公室，或是去长途出差。

在我们更相熟之后，弗兰克不情愿地承认（当被问及时），他有过好几段婚外情。他不确定妻子是否知情，不过他很清楚他的行为处事影响了两人之间的关系。用弗兰克的话说，他和妻子就像黑夜里交错而过的两条船。在进一步询问后，他承认他渴望回到以前的亲密关系——或者，就像他微笑着说的，他希望两条船能相遇得更频繁些。

从谈话中我也了解到，弗兰克对药物滥用并不陌生。在感到亢奋的时候，他经常依赖酒精来延长和加强愉悦感。他否认自己酗酒，但承认每天都需要喝一点威士忌。他还曾尝试过毒品，尤其是可卡因。

对我来说，真正有价值的问题是，如何才能稳定弗兰克的心理状态，并从而让公司恢复活力。情势变得越来越紧迫。该公司的其他核心高管告诉我，表面平静不会维持太久了。弗兰克反复无常的情绪给许多人造成了心理创伤，许多优秀人才离开了，造成了高昂的损失。如果弗兰克的行为失常无法得到控制，公司就将面对真正的麻烦了。

对于严重的狂躁-抑郁循环症患者，适合的治疗方式是药物与心理治疗相结合。在我看来，弗兰克的循环症并不严重，服用药物可以帮助他摆脱抑郁和狂躁对心理的破坏。心理辅导则可以帮助他了解情绪波动的心理学意义及其影响，还可以促使他服用药物以防止复发。

建议是提出了，但是，循环症患者（包括弗兰克在内）很少会接受，因为在亢奋状态下，他们很难观察自己的状态。他们的实践-反馈系统经常运行失常——不管是在情绪的高峰还是低谷，他们都感觉不到自己是如何对待他人、被他人对待的。他们常用的自我保护机制是否定问题的存在，这是一种会对判断力造成严重损害的方式。在亢奋状态下他们不愿意承认，自己的行为是让他人难以接受的。

跟其他类型的辅导一样，处理弗兰克这样的案例，必须建立在信任的基础上。某些情况下，跨出去一步，和客户的配偶或伴侣进行谈话，会起到帮助作用。在弗兰克的案例里我就这么做了。我首先与弗兰克的妻子进行了单独的、卓有成效的对话，然后再和弗兰克面谈了几次。了解她的想法很重要：她如何与丈夫相处、如何看待未来，以及她眼中的未来是否包括丈夫在内。

弗兰克和他的妻子都和我建立起了工作同盟关系，在这之后，我开始与弗兰克一起探讨他设想的种种未来场景。他真正想要的是什么？他想在哪里生活？他关于未来的设想中，都有谁的参与？

一旦弗兰克意识到与妻子和孩子的关系对他多么重要，他就会有动力改变现状。我们一起探讨公司的未来，在回想他在公司里的优势时，弗兰克突然意识到，他需要转换自己的角色。他非常喜欢微观管理，但是过多涉入细节事务，往往让他过度亢奋——消极意义上的。随着辅导的进展，他决定任命一位首席运营官来负责大部分的日常运营工作。弗兰克发现，他对公司最大的贡献，在于他与重要客户的人脉接触，而这才是他应该投入精力的地方。

在上面提到的这种过渡时期，你作为高管教练的边界可能有些模糊；你可能感觉自己更像一个商业顾问，免不了有些越界。在弗兰克的案例里，我和高管团队的成员多次开会，就如何以弗兰克能够接受的方式重组公司进行了讨论。我还与一些非执行董事进行了交谈——我认为，赢得所有利益攸关者的支持是很有必要的。我们设计了一种新的组织建构，既能发挥弗兰克卓越的才能，又能中和他性格中黑暗的部分。6 个月的时间里，在辅导弗兰克的任务上我达成了目标，那就是为他建立一种心理结构，以支撑他在工作和家庭生活中保持稳定的心态。我还给他介绍了一名心理治疗师，后来，他每周都至少会接受一次心理治疗。

第6章

心理变态的管理者

人之大敌，往往隐匿于最不可能发现之处。

——尤利乌斯·凯撒

狼的胃口，需要许多绵羊才能满足。

——内尼亚·坎贝尔

真正的心理变态者中没有成功者。大多数情况下，他们都是糟糕的失败者。

——克里斯·帕特里克

你可以设想一下，如果能够完全摆脱内心束缚，全然随心所欲、为所欲为，会是什么样的状况。想象一下，假如你没有良知，不管做什么样的坏事，都没有悔恨或内疚的感觉。想象一下，在这个世界上你只关心自己、满足自己的需求，完全不关心他人的福祉。想象一下，假如你对他人毫无责任感，不管对他人做出怎样可耻、有害或不道德的行为，你都毫不放在心上。

我请你想象的，是一种完全的情感缺失。这在某种程度上也许是一种福气？如果完全没有自我约束、道德良知、对他人的责任感，生活不是会变得简单得多、快乐得多吗？良心是一种麻烦，同情是一种拖累。如果没有羞耻和内疚带来的痛苦，你就可以做到任何事情——没有什么可以阻止你。

很难，不是吗？我们大多数人都把良心看作普遍的人类特征，所以难以想象没有它会是什么样。正因如此，对那些没有良知的人，除了少数历史上有名的暴君和独裁者外，我们无法看出他们的目的和动机。我们无法识别他们，不承认他们存在，当然也没有在日常生活中做好和他们打交道的准备。

然而，我们必须接受，有一小部分人，其心理构成和心理状态和我们截然不同。尽管内心藏有巨大的破坏力和障碍，但他们还是可以融入组织或社会，并获得一种隐性的地位。事实上，这些人甚至不会意识到他们的不同。由于意识不到自己的行为对他人的影响，他们也就对自己的缺陷视而不见。他们有缺乏道德感的特点，这意味着，通常的社会规范对他们无关痛痒、不起作用。更重要的是，他们的行为可能带来严重的后果。这类人经常被描述为心理变态，他们可能给他人的生活带来灾难。这并不等于说，所有强硬、苛刻的老板都属于这种类型。只要确保尊重他人、公平公正，老板的严苛并没有什么问题，他们主要的目的不过是要让雇员最大限度地发光发热而已。

我们身边其实一直都有心理变态者。许多对人类犯下罪孽的历史人物，都属于这一类。众所周知，在战争、贫困、经济崩溃、疫病流行或政治动荡的时期，心理变态者能获得救世主的地位。我们还能在流行的小说和电影中看到变态者们的身影——观赏连环凶杀剧，似乎已成了一种常规的消遣。这类道德堕落的人物是我们社会中的“怪兽”，是无可避免和无可救药的掠食者，他们的犯罪是蓄谋已久、残酷无情的。

值得庆幸的是，只有极少数的心理变态者，成了小说和电影中描述的那种犯罪分子。但是，心理变态还有很多不那么极端的形式，其心理失衡方式与犯罪分子有很大的不同。并非所有心理变态者都注定走向牢狱，还有不少人可能成了顶级高管。事实上，只要是权力、控制、地位、金钱争夺激烈的地方，这类人都会趋之若鹜。权力游戏也是商业公司环境中典型的一部分，而这些游戏对他们来说毫不费力。与一些臭名昭著的历史人物不同，他们并不公然主张暴力或反社会。相反，他们用不那么明显、不那么暴力的方式来发泄能量。为了操纵他人，他们懂得怎样隐藏恶意。

如果让我来构建一个心理变态的病理谱系，我会把历史上和小说里的“重度”心理变态们放在一端，而把成功高管们中的病态者，也就是“轻度”心理变态，放在另一端。天生心理变态的人，是由于从出生起就不具备建立感情纽带的能力（可能来自遗传异常）。而“轻度”心理变态者，其基本情感模式经历了一个逐渐失去活性的过程（基于先天本能和后天养育的相互作用）。我们可以推测，对他们而言，后天发展的力量起了更重要的作用。由于在儿童时期遭受身体虐待、性侵害或其他形式的虐待，他们反复经历挫败和幻灭感，以致完全失去共情反应的能力。随着时间的推移，这种在恶劣环境中成长的经历，会造成神经通路失去活性或发育不良，从而导致了变态的行为模式。在之后的生活中，情感障碍会带来严重的后果，尤其是如果患者在更大的舞台上发挥作用的话——比如在机构或社会中。

我给这些“轻度”心理变态者起的名字是“诱人的企业霸凌者”（Seductive Operational Bullies）——简称为SOB，“悲泣”之意——不过通常来说，他们可是不见棺材不掉泪的。“重度”心理变态大都进了监狱和精神病院，与他们相比，SOB们更善于套上正常的伪装。事实上，他们的行为可能还很对一些公司的胃口，以至于能升到高层管理者的位置。

我发现SOB们工作非常高效，并至少会持续一段时间。全球性的跨国公司往往吸引着这一类人，他们渴望平步青云，为此不惜踩着他人和公司的利益上位，并对此毫无良心负担。尤其是金融机构，往往成为这些SOB高管肆意驰聘的竞技场。由于金融机构的运行需要高度的信用支持，我们便常常误以为那里的管理者是可敬可信的。但事实上这些位置上充斥着 SOB 型的高管，他们的性格中完全没有诚信可言。他们利用别人加诸他们的信任，并赖此生存——这种依赖往往是病态的。

虽然伪装让他们难被识别，但真实生活中确实存在着许多 SOB，而且在公司高层中比在普通人中更常见。所以，我们碰上一个变态老板的概率并不低。不幸的是，大多数人都缺乏有效识别和应付这些高管的知识和技巧。他们要么不明白造成问题的原因，要么不懂怎么回击。更糟糕的是，SOB 高管往往是高度专注、勤奋敬业、具有商业头脑的，这为他们打造了成功的表象。

他们使用的武器包括情感勒索、不实但有说服力的语言、对周围人抹黑诋毁、遇到麻烦时转移问题、粉饰太平、说谎以及歪曲事实。他们是操控他人的专家，并将此伪装成提供帮助、释出善意、“都是为了公司好”。他们极擅长隐藏真实动机，同时让他人显得工作低效、自私自利、缺乏合作精神。他们精通如何让别人丢掉工作、如何把别人的努力算到他们的功劳簿上，甚至能让别人为指责他们有操纵行为而道歉。SOB 们唯一在意的事，就是要赢。胜利意味着可以为所欲为，还可以保持权力和地位，继续控制他人。

他们也懂得如何让别人在感情上依赖他们。他们伺机捕捉他人感情的弱点。他们尤其擅长赢得老板的欢心，例如对他们的家庭和爱好表示兴趣、参与他们的不良嗜好、帮他们做肮脏的工作、在获得足够权限时做出美好的承诺。他们懂得怎么含沙射影地贬低对手，并确保这些坏话能传到主要掌权者的耳朵里。

他们在骗术上极具技巧，大多数人都看不出他们的花招。讽刺的是，他们往往被视作年轻有为型管理者的典范。在伪装企业好员工形象方面，他们是当之无愧的专家，总是懂得怎么玩转权力。但是，他们总是获得与付出不匹配的成功，而周围的人会由于受到恐吓、陷害和控制而越来越感到挫败。对那些受他们摆布的人来说，公司生活会成为一场噩梦。

一开始，人们很难看出谁是 SOB 型高管。通常你不会识别出他们身上的马基雅维利式人格，对他们不正当、不道德的行为，你甚至会自动否认或是加以合理化。更别提有的时候，了解内情的人会矢口否认自己被出卖和欺骗了。要揭露他们的霸凌行为也无比困难，因为他们总是有本事和高层人士做朋友，从而得到上位者的保护。在公司高级管理层中，要辨认和抑制 SOB 型高管，需要能发现蛛丝马迹的敏锐洞察力。遗憾的是，具备这一技能的人少之又少。

让我给你举一个这一类型高管的例子。我从我的老客户，担任某大型消费品公司的 CEO 的罗斯贝思那里收到一封邮件，说她很担心自己的一名手下。他名叫阿诺德，是公司极具潜力的年轻干将，却似乎有着某种压迫他人的不良倾向。罗斯贝思告诉他，如果不做点改变，那么他在公司不会有长远的未来。为了改善他的管理风格，罗斯贝思提出了进行高管辅导的建议。我和罗斯贝思已经保持了长期的合作关系，所以她向阿诺德推荐了我，他也欣然接受了。

我开始和罗斯贝思就阿诺德的问题进行讨论。问题似乎不少。罗斯贝思最不满的一点是，每当出了问题，阿诺德总是倾向于责怪别人："他牢记着每个人犯的错误，却把自己排除在外。他总是拒绝承认问题，就好像他的记忆是选择性的一样。"她补充说，团队里的其他人对他并不信任。他们告诉她，阿诺德违背承诺、泄露机密。她还提到，他有点过分争强好胜了，他自己必须赢，而别人只能输。最后一点，他更像是一个个人主义者，缺少团队精神，这和企业文化背道而驰。但是，罗斯贝思也中肯地评价道，阿诺德非常聪敏，潜力巨大，并且充满个人魅力。尽管得到的意见都是反对票，她还是想再给阿诺德一个机会。

你可以想象，我不太愿意接手。我能搞定阿诺德这样的人吗？我能对改变他抱以希望吗？

第一次见到阿诺德，他给人的印象十分出众。他外貌出色、交际娴熟、善于甜言蜜语。他显然提前用谷歌搜索过我，对我有一些了解。但他毕恭毕敬的态度在我看来有些奇怪。我的直觉在警告我什么？他想对我做什么？不管答案是什么，都让我心生疑窦，不愿草率地接下辅导任务。

然而，罗斯贝思给了我一些关于主要问题的简述，这让我把担忧放在一边，并建议阿诺德进行一个 360 度的多方反馈调查（720 度的更好，这样的调查能把家人、朋友和工作环境以外的人包括进来）。出人意料的是，他配合的态度很积极。

当反馈结果送回来时，你可能已经猜到了，内容是不完整的。一些和阿诺德接触频繁的重要调查对象（尤其是他的下属）的反馈不见了。这些人，通常就是首先发现 SOB 高管们行为不正常，并向他们报告真实情况的一拨倒霉蛋。SOB 人群对掌权的大人物和对下属的做法是完全不同的。我决定不让阿诺德的瞒天过海得逞。我打电话给他，让他把缺失的结果补上，并把应该包括进来的人名列出来。他不情不愿地接受了。

正如所料，第二份报告证实了罗斯贝思之前的说法，并成为之后面对面辅导的基本材料。阿诺德的一些下属说，在他手下工作有点让人害怕。他有时候会脾气失控，这还不是最糟糕的，真正让他们不安的（和罗斯贝思的说法对上了）是他总是有抢功的倾向。一些人还抱怨他的反复无常，并表示，和他一起工作就像行走在蛋壳上，你不知道什么时候会摔个大跟头。阿诺德有许多张面孔，今天还温柔迷人，明天就会打击报复你。他的很多承诺都落了空，以致有人甚至把他指为惯性骗子。他可以在你面前表现得诚实公正，等你一转身就会在你背后捅刀子。还有一位反馈者指出，阿诺德具有使用性来操控他人的倾向，并暗示他有多段办公室暧昧情。

反馈还指出，阿诺德总是有技巧地管理自己留给他人的印象，他还有一个习惯，那就是只说对方想听的话。正因为这样，只要是他想操控的人，他都能高效地施加影响。我之前就知道，我是他的目标之一，并非常确定，他会把这一套对我重演一遍。从这个角度来说，我是保持警觉地开始辅导项目的。

我认为，明智的做法是让阿诺德自己对这些反馈做出解读，所以我的第一步是问他，看了反馈有何感想。有哪些是出乎他意料的？哪些是合理的？哪些是不合理的？对阿诺德这样防御心强的人，你需要玩一玩心理柔道。为了获得撬动他的杠杆，你必须避免争论和肉搏战。我要做的第一件事，就是建立起一个工作同盟，这样我们的关系才会是有效的。

我把这次辅导总的主题设定为，找到一种方式，让阿诺德在工作和私人生活两方面都过得更加快乐。在我看来，他的工作和生活都并不快乐。要达到这一目标，需要先探讨客户当下行为与未来预想行为之间的差异。开诚布公地讨论这些问题，有可能最终产生改变的动力。在这个案例中，我探究了他的未来志向，解读了他平时的人际互动模式。这种模式在他早年的人生中可能是有作用的，但在现在的情况下已经失效了。我想推他一把，让他看清楚，如果他想要留在公司，并在未来的事业上取得成功的话，有些东西必须改变。

阿诺德这样的人，是相当难缠的对手。你总是要对他们操纵人的一面保持高度警惕。有好几次，由于我们取得的进展只是他的表演，我不得不拿出所有的脑力和他斗智斗勇。阿诺德就像一个幻术师，反复尝试在我身上施展迷魂计。终于有一次，我和罗斯贝思在会议上偶遇，她振奋地告诉我，辅导似乎有了成果。她还提到，阿诺德的同事们对他取得的进步表示赞赏，并愿意给他更多尝试的机会。我似乎“感动”了阿诺德。

但我心存疑虑。阿诺德的行为是真心实意的吗？他真的改变了？我不太确定。尽管他表面上取得了进步，但我一直在问自己，他是否只是完成这些动作，尽量看起来循规蹈矩，其实不过是他为实现野心而做的表面功夫。

基于此，之后当我接到罗斯贝思的电话，问我觉得阿诺德表现如何时，我不知该如何作答。应该说，当被客户公司的老板问及这个问题，按照惯例，我应该给一个不置可否的回答，或是直接拒绝作答——毕竟，我的客户是阿诺德，而不是罗斯贝思。但是，发自内心地，我不知该如何作答。我告诉罗斯贝思，她才是和阿诺德密切共事的人，应该由她来判断阿诺德的进展如何。她的回答是，她非常欣慰，甚至准备将阿诺德派往东南亚，作为公司在当地开展业务的排头兵。我警告道，不要仓促做出决定，把阿诺德留在靠近总部的地方会更好，因为这样才能更好地掌控他的行为。

让人失望的是，我的建议没被采纳，但话又说回来，也许是我当时说得还不够斩钉截铁。阿诺德在合适的时机被派往了亚洲。一年之后，我在财经媒体上看到一则报道，罗斯贝思的公司卷入了重大贿赂丑闻。当地的高管（阿诺德）实施了回扣政策，而他正是主要受益者之一。该公司不得不支付大笔罚款，事件还严重败坏了公司的名声。阿诺德被解雇，并被判以缓刑。

当 SOB 型高管寻求治疗时，通常都是公司强制的要求，或者是日复一日的伪装让他们精疲力尽了。我从经验中了解到，SOB 型高管和教练之间的关系无非是两种。要么，他们会把辅导当成一项任务，把你争取为同盟，一起应对

“强迫”他们进行辅导的人，以便顺利地把任务应付过去；要么，他们会争取博得你的好感，以获取其他一些好处，通常是法律方面的好处。你可能会奇怪我为什么要强调这一点，或是为什么要说得这么详细。我这么做只是希望提醒你，对那些神奇进步背后的虚假本质，你必须时刻保持警惕。

不管是这两种关系之中的哪一种，处在一个被利用和被操控的位置上，都会让人感到气恼和沮丧。他们总是不断为自己的行为找新的借口，并不断对他人的弱点有新的发现。更让人烦恼的是，你的介入可能会成为他们操控别人更好的工具。比如，有一位 SOB 客户后来成了心理治疗/心理辅导类书籍的狂热读者，从书籍中学到各种术语来合理化自己行为的动机。还有的人，会用你的方式“反观”你要求他们做的事，并宣称他们用自己的方式看到了其中的错误之处。还有一些人会表示万分悔恨，但言行却依然如故，与悔恨完全是两码事。在极少数情况下，辅导似乎起了一点作用，但他们用不了多久就会反过来指责你，这个努力帮助他们的人。无论与他们建立何种工作同盟，你们的关系都将始终非常脆弱。

最后一个重点——你应该意识到，类似 SOB 的行为在公司组织中不限于一人，也不止于偶然。以有害行为和态度作为企业文化的公司，其实并不罕见。在这些公司中，高级管理层纵容甚至维护不道德的行为方式。在这种环境中，高管甚至可能会将类似 SOB 的行为视作正常的、可以接受的。当公司中的其他人默许和容忍他们的行为，SOB 型高管的队伍就在其中蓬勃壮大起来。你可以将其视为一个恶性循环，在其中无论是 SOB，还是受压迫者和旁观者，都在共同创造一个流毒匪浅的动态系统。

第7章

孤独症的管理者

如果你缺乏共情能力，如果你没有自我觉察，如果你不能控制痛苦情绪，如果你没有同理心和良性的关系，那么不管你多么聪明，都不会走得太远。

——丹尼尔·戈尔曼

我早就受够你和你的情绪便秘了！

——华盛顿·欧文

我不想说母亲的坏话，但是我的家人彼此间并没有任何感情联系。

——亚当·卡罗拉

前面章节所列举的五种管理者，他们也许很难相处，但都保有人格魅力。他们有情绪反应，不会让你的努力石沉大海。而有的高管则完全不同：给他们带来问题的，不是情绪反应过度，而是缺乏情绪。

在教练工作中，你会遇到一些客户，他们无法与他人建立深入的联系。相反，他们表现出一种情感抽离的状态，这种抽离会从人际关系扩展到生活的方方面面。他们感受不到热爱、热情和激情，他们的情感平静无波，似乎从生活中体验不到任何乐趣。由于情感缺失，他们生活在一个形式和仪式占据主导的世界。这种缺失，一旦出现在工作场合中（尤其是高管的位置），就会影响每一位共事者的士气、主动性和工作效率。

在精神病学中，述情障碍（alexithymia）这个词用来描述那些通常被称为“死鱼”的人——他们要么无法理解情感是怎么一回事，要么察觉不出情绪的细微变化。这个词来自希腊语，意为“情感失语”。述情障碍有一系列特征，包括无法用语言描述感受、过着想象力贫瘠的生活，以及思想过度务实、缺乏创造力。这一涵盖性术语，是针对明显患有这一障碍的人群，进行了大量临床和现象学观察后总结出来的。作为交流障碍的一种，述情障碍并不少见。

关于这一现象产生的原因，我听过很多解释，生理学和心理学上的都有。生理学家认为，这是来自大脑左右半球之间连接处的缺陷，两个区域之间的线路出了故障。心理学家则指出，是患者幼年时与主要抚养者之间的关系出了问题。例如母亲可能只把孩子当作“麻醉品”，显然，这与孩子的情感需求脱节。由于一直没有机会学习，孩子们（也就是日后的成人）也就始终学不会如何根据当下情况，选择合适的方式管理自己的情感和情绪。

不管是哪一种起因，述情障碍患者都没能发展出独立区分和表达情感的能力。而这种情感识别障碍，又反过来阻碍了情感信号模型的构建。情感信号模型是一个高度复杂的系统，人类正是依靠它来进行日常的生活和工作的，如果没有它，情感和情绪就会被人类视为危险重重、无法掌控的力量。

我观察过述情障碍患者是怎样对他们自身的心理和生理压力信号视而不见的。他们的幻想能力发育不良，无法创造自己独有的符号表示系统、幻想和梦境。当需要应对心理冲突时，他们倾向于寻求外部刺激来为内心世界建立框架。他们不明白自己的感受，经常需要别人来告知。人际交往使他们感觉不舒服，因为他们不知道应该如何应对。因此，他们能在许多以“客观事物”为导向的工作中表现得更好，也就不足为奇了。

在辅导述情障碍患者时请注意，对他们来说抽象、任务、观点和无生命的事物才是硬道理。情感是多余的；只有系统和结构才重要。他们对外部世界的程序、规则和制度的依赖，正对应着他们内心世界的贫瘠。不幸的是，如此注重“物”会让他们的人际关系变得机械化，而且毫无个性色彩。

许多述情障碍患者，都在以信息技术为导向的企业中找到了栖身之处。这样的企业是一个大型系统，人们以自动化的方式例行公事，坚定遵守惯例、高举抽象化大旗、回避真人之间的交往。人和笔记本、平板电脑之间的接触，似乎取代了人与人的接触。但和真人接触是完全不同的一件事。你很快就能发现，述情障碍患者没有学会如何解读他人发出的微妙的交际信号，这种缺陷可能会让他们在公司里付出沉重的代价。

这并不意味着述情障碍患者不能取得成功。事实上，他们往往表现不错，尤其是在一些大型的、官僚化的机构中。因为在那里，明哲保身、随声附和、中规中矩、相对不起眼，都是大有好处的。但在高度网络化的现代公司组织中，尤其是在高管的位置上，他们不仅做出了相当错误的示范，而且无法鼓舞下属的士气。以他们机械化的行事方式，很难步上卓越之路。

事实上，有述情障碍的高管甚至会给公司带来伤害。他们由于并不具备高绩效公司需要的活力、灵感和想象力，因此很难激发出他人奋发努力、追求进一步学习和发展的激情。并且，他们不擅长应对突然而来的变化、克服意料之外的困难，这就会阻碍发展和进步。他们的情感缺陷会给企业文化带来负面影响，阻碍创造力发展和战略创新，导致公司业绩下滑。

曾有一位高管发来邮件希望约见我，就称他为罗伯特吧。信中他谈到自己遭遇了一种“搁浅”的感觉，在公司就像走进了死胡同一样。他在这之前一直都很成功，最近情况却完全改变了。

问题是从他换工作之后开始的。他不知道是在哪里出了差错。当我询问他新工作的情况时，他说新环境缺乏结构感，让他水土不服。他不太清楚上级对他有何期待；公司的关系和结构总在流动。显然，事情并不顺利。

罗伯特之前在政府的技术岗位工作，那里的工作结构更具有技术性，一定程度上掩盖，或者说“包容”了他的述情障碍。他机械化的处事方式在那里取得了成功。而现在，他成了一家私营企业的首席信息官，这个职位需要相当多的人际交往技巧。在融入其他高管的过程中，罗伯特也同样遇到了困难。由于不知如何是好，他和人力资源部的同事谈了这些问题，同事建议他应该在提高情商上做点什么，这也是罗伯特想约见我的原因。那么，进行高管辅导会对他有帮助吗？

在改变他人的个性和行为上，我是个乐观主义者，所以我给出了积极的回应。罗伯特就这样出现在我们的第一次会面中，看起来十分低落。我对他提出了一些开放式问题，却马上被他机械化的回答方式震惊了——总是完全的事实性答案，没有一点儿打趣的踪迹。说实话，我觉得他对待人际关系的这种纯真朴实甚至有几分可爱。从他谈及家人和朋友的方式来看，我推测他在建立亲密关系上有些问题。当我问到他怎样看待未来，他描绘的场景中没有任何与情感相关的内容。可以推断的是，就像其他述情障碍案例一样，罗伯特的想象生活和情感记忆似乎受到了损伤。也有积极的一面，他似乎很聪明，并且渴望学习。

在回答如何应对复杂的人际关系场合时，罗伯特显得一筹莫展。他不仅不知道该做何回应，更感到犹豫不决。很多人际场景让他举棋不定。不过，他确实已经意识到自己的缺陷：成为社交团体的一员让他束手无策，而身处陌生人中间更让他焦虑不安。当面对意料之外的麻烦时，他缺乏决断力，总是将问题又丢回给我：怎样才能处理突发的特殊情况呢？

我问罗伯特，处于压力之下他有何感受，他提到了胃痛、肌肉紧张和头痛，但却无法明确说出对应的情绪感受。这是典型的述情障碍：能感受到身体不适，却无法意识到自己正在遭受情绪困扰。显然，罗伯特不明白为什么身体会出现这些反应。这超出了他的理解力范围。

当客户有类似身体不适的情况发生时，你应该注意，不要鼓励他们接受药物治疗（包括理疗）。事实上，你应该保持高度警醒，别让自己用不必要的手术和药物，把客户的身体不适应付过去。对罗伯特来说，尽管已经出现了一些不适，但经过检查，医生还是认为他身体状况良好。无计可施的情况下，医生只能建议他去找精神科医生或心理治疗师。但罗伯特没有采纳，而是找到了我。

辅导述情障碍患者要注意的另一件事是，他们会激起你无聊的感受，从而降低辅导效率。他们的表达中缺乏比喻，也不会对谈话做出反应，这都让他们显得缺乏吸引力。实际上，一些教练认为，他们不适合任何形式的心理干预。虽然还没有针对这种心理失调的专门药物，但抗抑郁药物有时会起到作用，因为述情障碍症据知与情绪低迷有关。有时候，使用药物能让述情障碍患者更容易集中在他们的感受和对内心的解读上。

在罗伯特的案例中，我为他的问题写了一个简述。我感到，他在识别和回应情感方面的缺陷，应该是一个需要逐渐解冻的休眠区。如果我太过强硬，可能会把他吓往一个极度不安的方向。就像对其他所有客户一样，作为辅导的基础，我需要先建立一个工作同盟关系。

在处理述情障碍时，对我来说最有效的方法，是先帮客户解决人际交往中迫在眉睫的问题。要和罗伯特建立一个同盟关系，我首先需要做的是帮助他在工作环境中有更好的表现。如果进展顺利，我计划在方案组合中添加一些洞察力方面的辅导。述情障碍患者往往是机械单调的，这有时会让你感到乏味。尽管如此，你还是需要提供足够的支持和倾听。

由于罗伯特倾向于用身体化的方式理解情绪反应，我鼓励他，在症状出现时把它们描述出来。我还让他多聊聊伴随身体不适出现的各种感受——这一点，如我所料，对他来说很困难。我需要帮助罗伯特理解身体症状对他的生活有何影响。通过他的各种叙述，我和他一起探究了重要的主观情感触动，以及那些还未被“意识化”的痛苦经历。也就是那些无法诉诸语言，在个人叙述中也未被提及的部分。随着时间的推移，我还推动罗伯特去探索他身体经历的痛苦症状。我的目标是帮助他建立一个清晰的描述，并鼓励他深入思考这些痛苦体验是如何与事件链条环环相扣的。

渐渐地，在大量辅导课程过后，罗伯特开始意识到，一些事件曾给他造成过感情创伤，而这些创伤与身体不适之间存在联系。我们的讨论越来越深入情感底层——对罗伯特来说，这是一种全新的互动模式，也是对实际工作有益的人际相处方式。我的希望是，借由辅导过程，他的大脑皮层到深层情感中心的通路能被重新激活。这个期望也许太高了，但无论如何，罗伯特和我的互动越来越深层。我不再觉得乏味无聊了。

他变得更活泼有趣，不再那么机械。更重要的是，从工作的角度来说，他在新环境中感觉更自如了。

罗伯特的案例告诉我们，述情障碍患者是有能力开发自己深藏的情感潜能的。像罗伯特这样的高管能够学会如何处理情绪、不再惧怕情绪，他们就像《绿野仙踪》里的铁皮人一样，最终发现自己一直有颗跳动的心脏。做到这一点后，他们的人际交往就能得到改观，也就能激励他人充分发挥才干、鼓舞下属士气，使公司拥有一个振奋人心的工作环境。

我对罗伯特采用的辅导方式起到了不错的成效，而对于情绪表达有困难的人，还可以考虑其他一些干预技巧。例如，在小组和家庭疗法中，小组成员和伴侣可以成为受训者的情感教练。通过这种干预，述情障碍患者学会识别、忍耐情绪，并将情绪谱系语言化。这让他们有机会反复训练自我观察和反思的能力。像生物反馈、放松训练、自我暗示训练、想象引导和催眠等行为训练术也会有所帮助。这些训练可以让他们对压力反应有控制感，提高他们对身体感觉和外部事件之间关系的认识。

第8章

消极对抗的管理者

我认为，现代文明人正在为无从化解攻击冲动而备受煎熬。

——康拉德·劳伦兹

消极的快乐根本不是快乐。

——亚瑟·阿达莫夫

我不是一个消极对抗的人。如果有什么事困扰我，我会去思考、去行动、去表达。

——安东·尤金

“消极对抗”指的是一种特定的行为模式，在这种模式中，负面情绪是间接而非直接表达的。通常，当有人对你大发雷霆，你就知道事情进展不顺利——他们会清晰地表达感受。但消极对抗者在表达愤怒方面更为隐蔽。他们是隐形施虐的大师。他们所说的话和所做的事之间存在脱节。他们做事从不直来直去，而是采用一种不诉诸语言的对抗方式，这些方式表现为消极的行为。这种糖衣包裹的敌意对人际交往具有破坏性——你还没意识到他们隐藏的怨愤，就遭到了打击报复。不难预见，消极对抗型客户是很难处理的。

在公司环境中，消极对抗型高管会公开表示同意某些提议，但在需要他们出力的时候却会暗中发泄不满，如错过截止日期、开会迟到、借口连篇，甚至故意和任务作对。他们会用拖延、低效、健忘的方式蓄意破坏任务。截止日期也许适用于所有人，却对他们无效，他们只遵循自己的时间表。他们表面上顺从、礼貌、友好、踏实、善良、充满善意，实质上却完全不然。由于消极对抗者在感到沮丧、烦闷、恼怒、失望的时候无法直接表达自己，他们就把情绪密封起来，变得闷闷不乐、郁郁寡欢，甚至在自己与外部之间建立起厚厚的城墙。

这种行为可能来源于某种家庭生存策略。在这样的家庭中，诚实、直接的情感表达被严令禁止，甚至会招来危险。在这类家庭动态关系中长大的孩子会很快学会压抑和否认自己的感受，并用其他方式来宣泄挫败感。他们从没学会如何用健康的方式表达愤怒。即使他们消极对抗的姿态可能激起父母的怒火，也总比直接表达不满来得安全。这样的行为模式会一直持续到成年，他们持续地藏匿自己的愤怒，不断向外适应环境，但实质上，他们已偷偷构筑起了心理障碍。

事实上，他们可能把感受压抑得太厉害，以致意识不到自己的行为有障碍——他们可能对自己的愤怒和压抑毫无所察。因此，当人们被他们惹恼，他们反而会生气，因为在他们看来，不管纠纷的原因是什么，总之与他们无关——错的总是别人。消极对抗者总是觉得他们受到了不公平对待，充当了他人无理期望的无辜受害者。

正因如此，当真正面对自己的行为时，消极对抗者往往感到惊慌失措。他们意识不到自己的行为能气煞旁人，完全不明白阳奉阴违的做法会让人多么气恼。他们缺乏对自我感受的洞察，这就导致他们总觉得受到了误会。如果人们质疑，他们会觉得他人的标准是不合理的。

玛丽是一位高管客户介绍给我的。在他看来，玛丽有很大的潜力，但不知为何从不履行承诺。他向我详细说明了她行为中显现出来的自毁倾向——听着他的描述，我脑中出现了这么一幅画面，玛丽就像一个“从胜利的牙缝中夺取失败”的人。经过反复思考——对这个案子我并不那么感兴趣——我同意和玛丽见面。从那位高管的描述中我意识到，这次面对的是一位消极对抗型的客户，而从过去的类似经验中我已经猜到，她基本上并不知道，她的行为有多让人恼火。消极对抗者通常并不知道，他们所面临的困境是自己造成的。他们极少主动接受辅导，并且非常抗拒做出改变。

在第一次面谈中，玛丽的态度冷漠、被动，甚至有些消沉。我问她为什么决定接受辅导，她甚至无法给出一个明确的答案，只知道上司跟她说辅导会是个好主意。尽管已经进行了360度反馈调查，她似乎还是没能意识到她的行为困扰着周围的人。经过提问，她的世界观渐渐显现出来，那是悲观而消极的。对生活，她说不出几件积极的事，不管是工作还是家庭都是如此。当问及她的同事和上司，她表示常常觉得他们不可理喻。最初的辅导阶段结束后，我注意到玛丽似乎自信感极低。

玛丽花了一段时间来“热身”。每一次辅导课程结束，我都感觉内心焦躁。对于我说的每一件事，她都很快地承认了，但即使是在承认的当下，我都能感觉到一种若有似无、不言自明的怨气，她对不得不和我一起做辅导感到不满。我开始怀疑，她究竟是自愿接受的辅导，还是因为没有选择的余地。我感觉后者应该更接近真实。

当问到她的各类人际关系时，她承认这些关系有些紧张，但无法解释原因。而问及工作，我有一种感觉，尽管无法公开表达，但其实她对老板心怀愤懑。我不知道她是否清楚，对于和老板之间糟糕的关系，她也负有一定责任。

我很快意识到，我需要一层“防刮花涂层”才能和玛丽打好交道。因为，如果消极对抗者感觉到他们成功激怒或挫败了你，他们会获得一种成就感，而玛丽显然懂得如何激怒我。在辅导中我经历了非常强烈的反移情反应[1]（我

---

① Counter-Transference：心理学术语，指患者反过来对心理治疗师产生潜意识或情绪影响。——译者注

反而被她激起了复杂的情绪）。我明白我必须冷静镇定、保持头脑清醒，并控制好我的情绪。我最终控制住了自己，但是光是要避免被她激怒，就花费了我大量的力气。

消极对抗型的人一般不会遵守诺言，这让辅导关系雪上加霜，尤其是当你想给他们布置一点“家庭作业”时——他们就算口头答应，也不太可能实行。然而，给他们布置作业还是有帮助的，因为这是一种把问题公开摆上台面的方法。

为了帮玛丽在职业生涯中取得进步，我需要帮助她了解，她的消极对抗行为是怎样对他人产生负面影响的。她需要找到更好的方法来控制愤怒和焦虑，并学习怎样更直接地表达感受。我的任务就是帮助她找到更有效、更令人满意的策略，来应对她在工作和家庭中的压力。最重要的是，玛丽需要化解她对权威人士抱有的愤怒和敌意。我觉得我已经成了敌视对象中的一个。

辅导玛丽这类客户最有力的方式之一，就是在他们暗中试图采用消极对抗手段时，直接指出他们的意图。这一方式对长久改变他们的行为尤其有效。因此，每当玛丽想要弄她的习惯性手段，我就会毫不客气地挑明，例如对她说:“玛丽，看来你生我的气了。这就是你现在的感受，对吧?”当然，她会否认，通常都以健忘作为借口（例如，在她没完成该做的任务时)。但是随着时间的推移，她想蒙混过关越来越难了。终于，这些犀利的言辞似乎起了作用。

为了帮助玛丽理解这种消极对抗行为的由来，我也深入探索了她童年时期人际关系的性质。我主要想让玛丽理解，对向她提出要求的人，她总是心怀愤恨，这与她的拖延倾向之间存在因果关系。在辅导过程中，我很快就清楚地发现，玛丽一直难以反抗父亲的独裁权威。但10岁时适用的防御策略，在40岁时不会再有效了。对家庭生态的讨论能帮助玛丽了解她为何会成为今天的自己，并帮助她找出引发某些不安、恐惧、焦虑感的事件。这些思考也引出一般性讨论，既关于她对与权威者（包括我在内）关系的处理方式，也关于她常常对我产生的恼怒情绪。尽管她开始时否认这种恼怒的存在，但最后还是更愿意去承认这一点。

在辅导课程中，我总是非常小心地避免与玛丽的自辩正面冲突。对于像玛丽这样的人，当他们矢口否认时，你千万不要反驳或纠正，而是应该迅速撤退，让他们自己去回想你说过的话。我的座右铭始终是“打铁须待冷”：我总是会等待正确的时机再一举得分。我从经验中学到，处理消极对抗型客户的首要规则，就是要避免陷入权力斗争。他们已用了一生来积累这类斗争的经验了，在他们面前你毫无胜算。

对于消极对抗者而言，争辩像是一种邀请，让他们能把自己视为受害者，而把你视为坏人。通过直接指出玛丽隐藏的愤怒，我向玛丽传达了一个信号，那就是她的消极对抗方式在人际交往中正在失效。每当我觉察到玛丽隐藏的怒火，我就会冷静而理智地向她描述我的所见所感，指出矛盾所在。尝试从她的角度看待争辩，帮助我保持头脑冷静。同理心对辅导关系是至关重要的，尽管有时很难做到这一点。

在辅导玛丽这样的客户时，询问他们打算如何解决或改善当下的特定处境是有帮助的。我需要帮助玛丽，让她更懂得表达自己的需求。她需要学着用直接明朗的方式做决断，停止暗自算计的那一套。

开始的时候她会犹犹豫豫——因为她早已习惯了逃避责任。我不断给她布置带时间期限的写作任务，以此保持辅导课程的速度。处理消极对抗者，专注问责至关重要。如果玛丽没完成任务，我会直接、不带情绪、就事论事地表达我的不满。对于消极对抗行为你需要预先处理，否则只会更强化这种对抗。在给玛丽提供反馈时我会告诉她，我对她的行为感到纳闷。为什么总是重复旧有的模式呢？为什么不寻找更好的方式呢？如果她重视我们的辅导课程并希望继续下去的话，这样的行为就必须停止。每一次当玛丽又开始犯“健忘”这类的毛病，我就会告诉她我感到很失望。

我意识到玛丽会这样是因为她缺乏自信。自尊感低是消极对抗者的普遍特征，也是他们逃避责任的原因，其根源一般来自原生家庭的某种机能失调。我把每次课程的相当一部分时间都用在帮助玛丽发现长处和优点上。她在工作和家庭中都做了不少好事，我需要帮她从这些事上建立自信。

我们还进行了一些关于她与丈夫和孩子相处方式的讨论。与她探讨消极对抗会对家人产生的影响，是我的另一项武器。我与她探讨了消极对抗会如何影响孩子并带来不良后果。毕竟，她希望孩子们幸福快乐，但她现在的行为方式却完全不是幸福的良方。

对玛丽进行干预和辅导并不是速战速决的，这个过程持续了一段时间。我感到和她一起工作十分具有挑战性，有时候也挺有趣。幸运的是，她也开始感觉自己的一些行为模式是可笑的。随着时间的推移，玛丽像学步童一样迈出了转变人际模式的第一步。她练习用更直接的方式表达恼怒，然后把成败结果向我汇报。慢慢地她开始对结果感到满意，也就积累了在这条路上继续前进的信心。最后，我告诉她，我确信她能够在没有我帮助的情况下继续前进。在那之后我们只见了寥寥几次，仅仅是作为一种检查，确定她没有退回到旧有的失调模式中去。

第9章

强迫症的管理者

我注定要强迫式地工作下去，直到永远。不管设定什么目标都无法满足。成功只会孕育新的目标。吞下了金苹果，它的种子却生根发芽，永无止境。

——贝蒂·戴维斯

如果你像我一样有强迫症，追求无法实现之物就会有损健康——就像在空中坠落，却企图抓住云朵。

——强尼·威尔金森

我有一种强迫症，所有东西必须放在一条直线上，或者必须成对出现。

——大卫·贝克汉姆

在辅导工作中你会遇到许许多多表现出强迫行为的高管——他们在公司组织中随处可见。他们以有序、控制和完美主义而闻名。他们对自己有严格的标准，这也影响了他们看待世界的方式。对他们来说，他们的标准是唯一“正确”的，而他们对规则、制度和有序结构有着不屈不挠的执着。强迫症们对工作全神贯注，然而却是牺牲了趣味性、适应性、开放性和效率换来的。可以预见的是，这样的行为不会带来轻松亲密的人际关系。强迫症们可能是极其顽固的，并且不会接受自己以外的行事方式。

如你所料，信任对强迫症来说是个大问题，这能够解释他们在委派和分担责任方面遇到的困难。有趣的是，虽然他们抗拒别人的权威，但却同时要求他人遵循他们做事的方式。当完美主义达到了妨碍办事效率的程度，就成了大麻烦。他们痴迷于把事情做对，到了无法容忍犯错的程度。因此，当规则和既定程序无法给出“正确”的答案，做决定就变成了耗时长久、漫长而痛苦的过程。当强迫症难以决定哪些任务应该优先，或是判断不出某项任务的最佳方式，他们就可能什么也做不了。没错，这种心态会导致拖延和犹豫不决。

如果你对强迫症有所了解，你就会注意到他们以一种高度控制和僵硬的方式表达感情，并在真正善于表达感情的人面前感到不舒服。在风格上，他们表现出情绪冷漠和疏离，尤其是在他们对情况失去控制的时候。你可以想象，强迫症们的社交技能并不好。他们缺乏一种能使他们与旁人协调一致的游戏性，并且无法读懂社交中微妙的暗示。他们过分聪明的姿态在这里也毫无帮助，反而阻碍了他们建立亲密关系的能力——毕竟，谁会喜欢一个“全知全能的人”？

所以，这种行为模式的起源是什么？大多数发展心理学家都认同于某种生物心理学因果模型，也就是说，这种行为很可能是基于生物/遗传学、社会和心理因素形成的。这包括儿童在幼年与家庭成员或其他孩子互动的方式，也包括儿童成长的环境和所获技能对其个性和脾气的塑造。错误的育儿方式常常被看作这种古怪人格形成的首要原因。情绪方面的健康成长，很大程度上基于两个重要的因素：父母的温暖，以及父母对儿童需求“足够好”的回应。如果具备了这两个条件，孩子就会感到安全和被珍视。如果有所缺乏，就会带来问题。例如，具有强迫症性格特征的客户向我倾诉过父母的感情表达过度克制，或是过度保护、过度控制。其中一些人每次犯错都会遭到父母的惩罚，不管错误多么微不足道，与此同时却从未受到过奖励。显然，这样的育儿方式无法培养童心童趣、自然天性和独立思考能力。强迫症的行为——其实是孩子为了避免惩罚而选择的策略——很可能就是这种育儿方式导致的结果。更重要的是，在这种教育下长大的孩子很可能一边默默咽下对父母的愤怒，一边转而用严厉的方式对待他们能够控制的人，比如更幼小的兄弟姐妹。这是一种对控制者的效仿，对困扰他们的人进行复制。我还观察到，有这种个性问题的人很容易将问题传给孩子。

我被请去辅导的这位高管，就是这类行为模式的一个非常有代表性的例子。当时，曾合作过的一家生物化学公司的董事长向我询问，能否和公司的新任 CEO 谈谈，以帮助他快速适应新岗位。董事长担心，事情并不像预想的那样顺利。他解释说，威廉（新任 CEO）来自一个完全不同的行业。也许，像我对该公司所熟知的，我可以借助一点迟到的入职培训来帮助他。如果威廉愿意接受辅导，他必须掌握新工作所需的知识、技能和处事方式——越快越好。

我于是请董事长详细说明，他为什么认为威廉需要辅导。他回答说，尽管威廉在面试中的表现和其他候选人比起来相当出众，但和威廉一起工作30天之后，他开始怀疑董事会对CEO的选择。威廉领导公司的方式让董事长感到不安，不确定他是否是合适的人选。他不确定威廉能否适应公司的企业文化。诚然，他的背景和公司不同，但不止于此：威廉表现得非常死板僵硬，执着于他固有的处事方式，并且是一个糟糕的倾听者。他显然是一个高绩效的人，艰苦努力、好胜心强、非常注重行动，但是每当到了要做决策的时候，情况就变成了“要么接受，要么离开”。自从他来到公司之后，决策分析就经常陷入搁浅。如果其他人拒绝服从威廉的“正确观点”，就会导致气氛紧张、关系不和。如果其他人违反了严格的规范，威廉也会显得很消沉。董事长也提到，公司的一些主要参与者，同时也是他结识已久的伙伴，也纷纷向他抱怨威廉的行事方式。

根据以往的经验，许多新CEO通不过上任后的第一关，原因有很多：公司对他们的期望模糊不清或不切实际，无法和主要的利益相关方建立伙伴关系，无法理解公司或行业的文化，无法从直接下属那里获取信任，无法发现和掌握员工变动带来的影响，等等。我不知道自己能不能真正帮助威廉在公司中起步，但我告诉董事长，如果威廉想要和我谈谈，我愿意效劳。强迫人们接受辅导，从来都不是个好主意。

第二天，威廉打来电话，邀我一起午餐。他说董事长已经告诉他，和我会面会对他有益。我们约好一个时间，在他的办公室会面并共进午餐。

我们第一次会面的时候，威廉显得相当不轻松。他举止正式，对我开的几个玩笑反应相当僵硬。在我的习惯中，通常人们的反应都会来得更风趣一些。环顾他的办公室，我注意到一切都安排得一丝不苟，没有任何东西出现在不合适的位置。我想，威廉唯一稍微放手、示人以轻松的一件事，就是微微放松了他的领带。显然，对事物有掌控感，对他很重要。逻辑和脑力主导了他的言谈。听着他说话——后来看着他在会面中的行动——我惊讶于他对秩序、完美、头脑和社交控制的高度投入，这是以牺牲灵活、开放和效率为代价的。他似乎完全缺乏幽默感。

虽然威廉有这样一板一眼的特质，我还是对他有一些好感。在我看来，他愿意向我倾诉新工作带来的不安，这是我们未来工作同盟关系的好兆头。他意识到事情并不顺利。在内心深处，他认同董事长的建议，认为自己需要一些帮助。只是他不知道如何去做，如何改变处事的方式。他太执迷于自己固有的方式了。有趣的是，他似乎有一种恐惧，认为如果事情不安排得尽善尽美的话，就会有灾难降临。在我们的谈话中，威廉小题大做的倾向表现得越来越明显：在这种习惯中，人们自动假设最坏的情况，并把轻度或中度的问题自动假想为灾难性事件。

然而，我惊讶地发现，威廉似乎并没有意识到他的固执和刻板会给他人带来不适。他似乎也认识到如果不在管理风格上做出些改变，任期就长不了——而这种认识只是潜意识的。在我的提示下，他承认要适应现在环境下自由流动的做事方式对他来说有点困难。同样很难接受的是，在现公司他扮演的角色与前公司存在巨大的差别。他还提到，当感到事情失去控制，他无法管好自己的脾气。他还对自己和董事长之间的地位关系感到困惑。公司里董事长和 CEO 的分工并不明确，这种模糊不清让他头痛，扰乱了他有条不紊的头脑。我请他举个例子，他说到有一次董事长直接向他的下属询问了一个小问题，这深深地激怒了他。

这种绕过他的沟通方式，在他看来是无法接受的。

应该说，对于辅导这一类性格的客户我有相当丰富的经验。强迫症者特别关注他们在主导-服从关系中的地位。但跟我提到过的其他类型客户相比，他们并不是最难辅导的类型，并且通常来说，前景比其他矛盾复杂的人要明朗得多。话虽如此，也不要误以为辅导强迫症客户就如在公园里散步一样简单。他们对控制的需要——包括控制辅导进程——有时会带来很大困难。然而，一般来说，我认为采取以洞察力为导向的心理动力学辅导，并结合多种多样的认知-行为干预手段，会起到不错的效果。你也应该注意一些次要症状，如焦虑和抑郁。这些症状常常并发，并通常可以用抗抑郁药物治疗。

午餐过后，威廉和我定下了辅导课程，我们每两周会面一次，并在课程之间保持电话联系。合同持续 6 个月，并可以在双方同意的条件下续签。就这样，辅导开始了。

我得承认，我挺喜欢和威廉一起工作，不过有时候他的循环论证会惹恼我。他似乎会不断重复相同的逻辑，却总是得不出结论。每当这种情况出现，我就得努力保持不陷入沮丧。无计可施时，我会对他指出，从事情的整体来看我终究是个局外人。我问他：“当你重复这种脑力上的疲劳驾驶，员工们会对你的逻辑做何反应？你明白这样的行为会给你们的关系造成怎样的破坏吗？”我感觉到，这样的回复让他思考了，至少阻止了他继续反复说下去。

我还向他指出，要达到他的完美主义的标准十分不易。在我看来，那是极为困难的。我提醒他，他曾经跟我说，过去当他觉得事情没有按照他想要的方式进行，他就会中止和他人的关系。我问道，他是否也想就此中止我们的辅导呢。在谈论这件事的同时，他是否能接受没有人是完美的这一事实呢。我还补充道，在未来，如果他能学会管理产生矛盾的源头，是不是比中止关系更好呢。我从经验中学习到，在辅导中，如果能把某种解决方案坚持到底，不失为一种强有力的干预方式。

对控制的痴迷是威廉的致命弱点，出于这一点，我决定给他布置“作业”，让他试验用各种不同的方式在工作中与人打交道。我需要让他明白，他对细节、规则、清单、秩序、组织和时间投入了过多关注、过分面面俱到，甚至已经模糊了主要问题。一个典型的例子是他的时间表，研究过后我发现，上面没有一分钟不被任务占据着。我建议威廉，他需要多为自己创造空闲时间——用于思考。我还和他探讨了在每一项任务中，完美主义是怎样阻碍了工作的完成。在我看来，重要的是他得学会“适度”的含义。一切没必要总是完美的。同时，由于被我要求改变行为方式，他的焦虑程度一直在增加，如何降低焦虑感，对我也是一个挑战。

有一个例子很好地展示了威廉对完美的需求，那就是为年度董事局会议准备战略文件。我不知道，他认为这些文件需要改写多少次。他把文件左修右补、反复重写，简直要把下属逼疯。与此同时，董事局会议召开在即，董事们却无法及时收到需要的信息。我还向他指出，虽然过去他可能在战略规划方面非常有才华，但现在他担任的是CEO，应该让其他人去执行，而不是盘旋在他们头顶、喋喋不休地告诉他们究竟应该怎么做事。诚然，人们很可能会犯错误，但这难道不是他们学习和提高的唯一方法吗？对员工来说他更应该像一个教练，而不是控制者。

然后，我采取了一个不同的策略，向威廉指出他的工作狂生活方式是以牺牲休闲活动和交友为代价的。他的朋友在哪里？他有朋友吗？即使有，他有时间和他们相处吗？

我告诉他，在我看来他的生活充满工作而毫无玩乐。他严苛的时间管理意味着完全没有时间放松。这样的状态在精神崩溃前能维持多久呢？他可以试着努力在工作和其他活动之间保持平衡。

我觉得，威廉尤其应该多花时间和家人聚在一起。从他告诉我的内容来看，他的家庭生活更像是一种戴着伪装的商业安排。他和妻子之间似乎没有真正的亲密关系。他们唯一一起做的事，就是她来出席公司的活动。威廉过度控制的风格似乎不仅给工作，也给家庭带来了麻烦。

在我的进一步询问下，威廉承认家里存在一些问题。他含含糊糊地表示，在表达感情方面他不太擅长，这就引出了他在处理人际冲突上的问题。当和妻子吵架时，他习惯性地退出，这是一种防御性措施，为的是减少被拒绝、问责、批评和曝光的风险。在我们探究他的家庭生活的时候，我意识到他的妻子能够成为辅导的盟友，因为她最近已经给威廉下了最后通牒："要么改变，要么滚开。"看来，认为他需要帮助的人，还不止董事长一个。

除了处理亲密关系上的困难，威廉无处不在的完美主义倾向也影响了其他关系。他的妻子抱怨威廉要求她像经营模范军舰一样经营家庭——尤其是要求孩子们谨守规矩、安安静静地待着。威廉还补充道，妻子告诉他，她无法忍受他每天进行的例行审查、对家里不喜欢的地方给予苛刻的评价，以及他总是情绪低落。她的意见是，这种方式已经对家庭环境产生了很坏的影响。最后这条评价来得很及时，因为威廉已经向我承认他和大儿子之间的关系很紧张。按他所说，我推测他的儿子可能已经对父亲所有的规则和规定感到不耐烦，从而陷入了过度的叛逆，反而变得无法控制了。这让我想起，另有一回，我对他女儿在学校取得的优异成绩表示赞赏，却得到了令人惊讶的回答。威廉说这没什么好庆祝的，因为本来就是预料中的事。我抓住机会反问他，如果女儿听到了这话会有什么感受呢，他觉得女儿会怎么反应呢。这些问题，帮助他思考他与家人互动的方式。为了继续加码，我还对他说，在这种与家人互动的模式下，他的一些孩子很可能会习得相似的行为模式，而他比任何人更清楚，这不是幸福的良方。他怎么能允许这样的事发生呢？

我扩展了威廉的“家庭作业”，要求他尝试新事物、容忍正常范围内的混乱以及承受适当的风险。我希望他能学会适应这个需要灵活和适当妥协的新环境。我希望他在委派任务上做得更好，而减少作为微观管理者的职责。他还需要对自己和他人的表现更加宽容。

幸运的是，威廉一步步学会了控制自己，尤其是在事情偏离他所认定的“应当如此”的情况下。他能够更好地管理自己的焦虑了。然而，最重要的是，他对待自己变得更宽容了。他意识到，要持续满足他给自己设定的高标准，已远远超过了任何人类的能力所及。

你可能已经看出来，原本设想的简单入职训练变成了长期、密集的干预课程。最后，辅导持续了两年。在这期间，他对自己处处控制的行为背后隐藏的情绪问题有了更好的理解。这些见解帮助他改变处事的方式。我鼓励他采取多种多样的形式进行放松，包括休假在内。回想起来，我承认要帮助他学习怎样宽容自己真的很不容易。但一旦他这样做了，他对身边的人也就变得更宽容，包括我在内。他不再偏执地关注他们的表现好坏了。他变得不那么焦虑，也不那么苛刻地奴役他人，在委派任务方面也做得越来越好了。

由于他已经给家庭的环境造成了很大的破坏，重建威廉的家庭关系花费了巨大的努力。我意识到，事情不可能修复到完美的程度，因为只要在压力环境下，威廉就总是会退回到控制和情感抽离的老状态中。不过，在和家人发生冲突的时候，他越来越多地采用反思的立场。和妻子一起参加瑜伽也对他有帮助，后来这成为他们的常规锻炼方式，帮助他变得更放松。

随着态度的改变，威廉和董事长的关系变得越来越好，随着时间的推移，两人也越来越亲近了。他和公司主要参与者之间的关系也改善了。他们接受了他的性格：脾气有点古怪，但在需要的时候也能够收住。由于公司的高盈利能力，威廉在公司之外也赢得了信誉。

第10章

去爱、去玩、去工作

直到迷失，我们才开始了解自己

——亨利·大卫·梭罗

整个生命是一次实验。你实验得越多就会越好。

——拉尔夫·瓦尔多·爱默生

自尊对我们的幸福就像桌腿对桌子一样重要。自尊对身心健康和幸福愉快都是不可或缺的。

——路易斯·哈特

读完了这些高管面临的心理失调的困境，你可能已经知道，或是至少感觉到了，公司生活常常是压力巨大的。而且有时你可能会想：事情真的非这样不可吗？工作一定得压力重重吗？有没有更愉快的工作方式呢？作为教练，我们能为创造更好的工作环境做些什么？当然，工作是心理健康的支柱之一。我想你一定听说过弗洛伊德的名言：心理健康是由爱和工作组成的。因此，在辅导中，我们决不能忽略公司组织背后的心理学意义。我们应该始终牢记，通过工作去完成一些切实有形的事情，可以为我们的客户在这个极不稳定的世界中提供相当大的稳定性。公司生活是帮助客户们应对日常生活中压力和紧张的理想渠道。

鉴于组织健康对于员工心理健全的重要性，高管教练日常工作中最重要的一项任务，就是和客户共同创造一个健康的工作环境，一个能够加强和巩固客户适应能力的环境。不幸的是，正如你可能已经发现的，一些公司会让员工产生心理疾病，并给他们带来极大的伤害。当然，这个过程可能是双向的，一些员工也会让公司病变——就像我在上文中举的一些例子那样。作为教练，我们有责任弄清楚事情到底是怎么一回事：什么是因，什么是果。有时候，让我忧心的是，一些不健康的公司会请教练帮助心理健康的高管去“适应”——在这里是贬义的——他们不正常的做事方式。我们应该时刻注意避免踏入这个危险的陷阱。把心理健康的高管社会化为不健康的公司组织的一员，不仅是应该警惕的，更是非常不道德的。但也许是出于无知，也许是出于贪婪，一些教练确实踏入了这个陷阱。就个人而言，除非我能看到让公司变得健康的可能性，否则我不会和这种公司打交道。在高管教练的角色中，我们真正应该做的，是去为创造真诚-活力型组织贡献力量。真诚-活力型组织意味着，在那里工作能让员工感到真正的生命力，并发挥出他们最好的工作水平。

我自己设计了真诚-活力（authentizotic）这个术语。它由两个希腊语单词组合而成：authenteekos（真实的、真诚的）和 zoteekos（有活力的）。第一个词表示了公司和员工应该是真诚的。真诚是一个职场标签，指的是一个公司在其愿景、使命、文化和结构上，具有令员工信服的品质。同时，公司的领导层能够清晰可信地向员工传达公司的大事小情，不仅是状态层面，还有深层原因层面，并能够向每个员工指明其岗位的意义。在真诚的组织中，人们会有一种流动感；他们感觉充实、完整、生机勃勃。

zoteekos 的意思是“有活力的”。在公司环境下，我用这个术语来描述人们通过工作来获得活力的方式。在有活力的组织中，人们对探索的需求能够得到满足，而探索需求是与认知和学习密切相关的。真诚-活力型组织中的活力方面能在工作中赋予人们自我价值感，并带来高效率、能力感、自主性、创造力、主动性、创业精神和行业感。

我相信，在真诚-活力型组织中工作可以化解压力、提高人们的想象力，最重要的是，能让人们的生存变得更健康、更充实。

这样看来，打造一个健康的公司组织是一回事，但关于在其中工作的人呢？是什么让他们成为健康的管理者？这个问题的答案取决于提问的对象。如果我问的是精神科医生、心理治疗师、精神分析师，或者尤其是高管教练，他们都会说，他们的作用是帮助人们发挥出最大的能力。他们希望鼓励客户对自己的目标和积极性有所洞察、帮助他们更好地了解优点和缺点、避免他们做自我毁灭的事情。他们的重点是让客户有更大的选择自由，而不是完全由意识不到的推动力主导他们的行动。

这个答案非常不错，但是还需要深化。根据我的经验，在辅导了大量的高管后，其中较健康的人有一系列特定的特征。请记住，下述“健康”和“患病”应该被视为一个频谱的两端。

健康者：

具有稳定的认同感

具有很强的现实判断能力

具有成熟的防御机制（并非原始的防御机制，如否认、推诿、含沙射影和找替罪羊）

对自己的行为负责

足智多谋

相信自己有能力掌控能影响他们生活的事情

对自己身体的形象和状况有一个健康的认识

可以处理矛盾心理

有完整的情绪体验

生活丰富充实

对从事的事情充满热情

能够管理焦虑

通常有充实的性生活

建立和培养亲密关系

知道怎样使用帮助和建议

对某个更大的集体有归属感

能够高效地处理依赖、分离和失去的问题

对世界持以积极的看法

具有自我观察和自我分析的能力

具有自我反思的倾向

具有一种游戏感

游戏感

帮助你的客户玩起来，是辅导技巧中不可或缺的一环。玩，或者说游戏，并不只是一种无聊琐碎的活动，而是刻在我们基因中的一部分。游戏一直是智人进化过程中复杂的一部分，人类正是通过游戏才发展成为一个物种。在游戏中，个人与环境的联系反复隐现，帮助我们发展出有效的学习策略。游戏强化了我们使用符号和创造意义的生物倾向，从而帮助我们更好地理解周围的世界。游戏是语言、神话、仪式、行为和意义的基础。游戏、艺术表达、创造力以及人类进化发展是紧密相连的。对我们的祖先来说，玩的能力是生存的重要因素之一，而我甚至可以说，在今天仍然如此。如果我们的生活全是工作而没有玩要，麻烦就大了。缺少游戏性，就会让压力问题和心理健康问题趁虚而入。因此，再重复一次，作为教练，你应该多想办法激励客户性格中玩的部分。

如果为人父母，你就能直接观察到孩子们是怎么通过玩要，在心理、身体和社交方面学习和发展起来的。玩要激发了他们的想象力和好奇心，带来发现、创意和创新。在玩要中，情感、认知和动机系统启动起来。玩要点燃了创造力和自发性，促进了语言表达和发散思维的形成。玩要也有助于在具体经验和抽象思维之间建立起桥梁。玩要还提供了机会让人们把负面情绪表达出来，并遏制住本能的冲动行为。它给了孩子和大人们试验新的人际角色、探索错综复杂的人际关系的机会，也帮助我们了解同理心的意义。正是在游戏的付出与回报中，人们学习合作、创新、社交和领导力技能。通过游戏，我们学习怎样和别人一起工作、怎样遵守共同商定的游戏规则、怎样在团体中进行社交。游戏可以在人际关系中制造奇迹。不断地一起定期游戏，怜悯、信任和亲密就会在人们中间成长。你一定发现了，人们很难对一起玩耍的人生气。通过游戏我们学习到怎么把情绪上的困难处境转化到可控的范围内。更重要的是，游戏有助于缓解压力。如果我们玩得投入，人体就会分泌内啡肽混合物，它们能振作我们的精神，帮助我们解决痛苦、恐惧和焦虑。玩耍还在控制悲伤情绪方面有治愈作用。但最重要的是，我们玩耍是为了纯粹的快乐。事实上，玩耍的好处多得数不过来，所以玩不仅是指轻浮肤浅的玩乐，还可以是一件非常严肃的事情。

我一直重复强调游戏的重要性，这是为了把游戏运用在辅导中做个铺垫。游戏不应该被视为成人世界中一种注定失败的努力。你可能并没有认识到，但它的形式是多种多样的，从讲故事、模仿、竞技，到诸如跳伞、赛车、山地狩猎等极限运动。而一些专业，比如建筑、设计、表演，都是在工作中进行有创造力的游戏。如果我们作为教练能够鼓励客户尽情玩耍，寻回童年失落的快乐，他们就会在一生中继续从中获益。经验反复告诉我们，玩和创造力之间有着密切的联系。

我怀疑作为教练的我们，是否充分认识到了游戏在帮助客户成长和提高上的重要作用。如果我们能更有玩兴，并能帮助客户重新发现玩耍的乐趣，是否能让他们更富创造力呢？我认为的确如此，而我也总是尽力做到这一点。我花费了不少努力来让客户更懂得玩，而这都是建立在四个 M 的基础上——Me-time（我-时间）、Make-believe（制造想象）、Mastery（能力感）和 Meaning（意义）。

M1 Me-time（我-时间）

我-时间是游戏的基本要素之一，而游戏首先是一种自由的表达。想一想：如果你在决定工作的时间和方式上有很大的自由，你的感受会是如何呢？工作不就变得更像一个游戏了吗？甚至是，或者说特别是，当工作极其复杂的时候。用我-时间这个说法，我指的是拥有更大的自主权和更自由的选择权。从形式上看，我-时间意味着拥有一种能够向内自我感知的因果观，也就是说，你能够做你想做的，而不是别人期望你做的事。如果你不得不按照别人的意思做事，你基本上很难体验到把工作做成游戏的感觉。但如果这项工作是自发的，它就给你一种特别的自由感。玩耍意味着做自己的主人——有能力做出自己明智的决定，并根据自己的价值观和信念行事。游戏吸引着我们，恰恰是因为它是由我们自己（而不是他人）创造或接受的规则构成的。在游戏里，终极的自由（也是其定义中关键的一部分）是退出的自由。没有这种自由，游戏规则就会让人难以忍受。

M2 制造想象

游戏的一个显而易见的矛盾之处是，它严肃而又不严肃，真实而又不真实。游戏是以虚构的幻想为中心的，也就是把不真实的事情想象为真实的。幻想的位置处于认知发展和社会经验的交叉点上。通过这种方式，幻想制造了一种双重意识，同时包括真实以及对真实的重新表现，后者正是游戏中需要的。例如，如果身边没有真实的大象，我们是没办法骑大象的。但是当我们做游戏的时候，如果游戏规则将沙发臂指定为一头大象，那我们就可以在心里骑大象了。现实中的地毯只是一块覆盖地板的布料，但是在游戏里它就可以是奇幻飞毯。幻想情形制定了游戏的规则，而游戏外的真实物质世界变得不那么重要了。因为游戏是在幻想世界中发生的，所以掌握游戏的，是玩家心中的规则，而不是外部施加的规则。然而，令人着迷的是，这个幻想世界提供了巨大的发展机会。比如说，在游戏里，孩子们可以打败自己的恐惧；他们可以用神剑击败恶龙；可以战胜床下面藏着的怪物；还可以成为宇宙的主人。通过游戏，孩子们可以获得对世界的控制，而不是受到万物变幻的支配。我相信，游戏在成人世界中也能起到同样的效果。想象游戏对认知和情感都有着巨大的作用，能够让你的客户尝试各种各样的社交角色和互动方式。游戏（有时候被称为“家庭作业”）能让客户像穿上他人的鞋子一样，体验他人的生活。想象的冲动伴随着我们的一生。就如童年一样，对客户来说，做一些白日梦能让他们设想扮演不同的角色、生活方式和职业，从而帮助他们确定未来的计划和愿景。而这些白日梦就是创造力的基础。

M3 能力感

我们所有人都喜欢体验能力感，感觉自己能够高效地与周边环境互动。和其他要素一样，这种渴望清晰可见，并且从孩提时的游戏就开始了。孩子们会被能给予他们能力感的领域吸引，同时会避开那些不论及成败、没有成就感的领域。正如你所料，以取得能力感为目的尝试，不管是成功还是失败的，都会加重人们向着某个领域迁移的倾向。人际互动的角色扮演和游戏提供了做实验的机会，并能够让人获得对环境的掌控感。和其他要素一样，这些游戏的动机存在于个体的内部，而不依从于任何外部压力。在感受中，这些目标应该是游戏本质的一部分，而不是人们参与游戏行为的唯一原因。因此，这类游戏的主要目标是创造对象，而不是占有对象。举例而言，当我的孩子们在沙滩上玩耍、忙着努力建造沙堡时，如果我说“让我来帮你们做这个沙堡吧”，他们一定不会高兴。这话会彻底破坏他们的乐趣。是过程，而不是结果，激励了他们的行动。最重要的是对做沙堡的掌握感；行动的功效才是重要的。这种对掌握某种能力的自豪感会一直持续到成年期，也是我们在辅导客户时应该利用的工具。

M4 意义

我们的客户会问自己一些基本的问题，比如“我是谁”

“我从哪里来”“我生命的目的是什么”，这些发问是把一个更广大的问题人格化了，这个问题就是：“生命、宇宙和万物的意义是什么？”当然，在所有这些问题的背后，都隐藏着死亡的幽灵暗影。

生活中所有的意义都是自我定义的，可以预见，对不同的人来说生命的意义也迥然不同。我们生活中的事物和境遇本无意义；我们根据观念、现实和信仰体系赋予它们意义，对你来说意义深刻的事，可能对他人而言毫无意义，或者在不同的时期具有不同的意义，这都取决于他们的经历、动机、信念和观点。

意义指的是通过与环境和他人的真实互动来体验世界——用自我表达的方式向世界付出。然而，当生活与期望不匹配，当无意义的日常生活与寻求意义、自我实现、充分发挥自我的内在冲动不匹配时，我们的客户也许会变得抑郁沮丧。这时，游戏再一次在寻找意义上发挥了重要作用。在他们探寻自我个性和能够或想要成为人际角色的过程中，游戏都很重要。从这个角度看，意义既是被创造的，也是被发现的。它也应当成为辅导的重要组成部分。

小组式辅导干预

作为高管教练，我们既要帮助客户练习自我控制，也要帮助他们玩耍。我们怎样才能帮助他们既具备足够的自信，又不失玩兴，而不是让自我意识（伴随着责任感）压抑了趣味性呢？我们怎么做，才能让玩再次进入他们生活的核心部分呢？作为教练，我们怎样才能创造一个这样的空间，让客户在其中实践？

我认为，我作为高管教练的其中一个角色，就在于把客户带到一个他们可以充分玩耍的地方；在那里，他们可以投入一个思辨的、人际的、可以随意做实验的过程中去，也能在开发感受力上同时拥有自由度和规则性，而这样的感受力是对可能性和深层意义的敏感。要有效做到这一点，其中一种方式就是形式多样的小组辅导。

不过，要做到这一点并不容易。我们也许认为客户需要帮助，但客户自己不一定意识得到这一点。他们做好来“玩”的准备了吗？当然，如果人们是自愿参加的，那效果是最好的。大部分客户都想要参与进来，因为他们感觉到自己的生活里正在发生着什么，他们需要时间来探索清楚。

他们在心理上已经准备好改变了。他们不仅意识到自己踏入了死胡同，而且也希望对此采取行动。

但即使是在这种情况下，我也发现高管们需要鼓起相当大的勇气才能加入。虽然我试着帮助他们找回孩童般的、尝试新事物的意愿，但他们常常会因为害怕出丑而畏缩不前。成年人有很多装腔作势的行为。许多成年人有意识地压抑自己活泼的自我，理由是生活太严肃了，没有给玩耍留下空间。现状可能确实如此，但如果我们陷入这种消极的想法，就什么也做不了了。这种心态会破坏玩耍的能力。

但我发现在教育领域中，设计游戏的技术能够有效帮助客户发展他们的创造力。我发现以心理动力学为导向的小组辅导为游戏性的心理干预创造了条件，这些心理干预有助于促进学习、增强关系、改善健康、提高幸福感。这种游戏的形式为成年人提供了一个安全的空间，在里面他们可以借此机会进行试验、开始全新的生活体验、重新发现创造力，甚至重塑自我。让我举一个例子，说明小组辅导是怎么对 CEO 进行“回收再利用”的。

INSEAD 是一所总部位于巴黎附近的国际商学院，还在新加坡和阿布扎比设有校区，这里大概是世界上进行最多高管小组辅导的机构——大部分都是短期干预。每年我都会在INSEAD举行一个名为“领导力挑战：制造反思型领导者”的研讨会。研讨会会邀请20位担任重要职务的高管参加（大都是私营企业或公共部门的CEO）。这些高管申请加入研讨的原因是多种多样的。总体来看问题大都来自无法解决的矛盾困局、对自己产生负面情绪、感觉了无生趣或是觉得自己像个冒名顶替的行尸走肉。他们也有可能受到各种压力症状的困扰，或者在已存在的生活困境中苦苦挣扎。然而，典型情况下，当他们申请这个项目的时候，这些问题在他们脑中并不清晰。

要加入这个项目，每位申请者都要填写一份复杂的申请表，其中包含了许多个人问题。我根据这些信息，初步评估申请者是否适合这个项目。此外，我会和每位候选人——无论他们身在何处——面对面或通过电话进行访谈，看看他们是否具备完成这个艰巨任务所需的条件，在其中，“生活”的案例研究会成为解释问题主要的材料来源。从这些谈话中，我寻找心理明智的迹象，也就是申请者们思维开放和回应敏捷的能力，并了解他们自我防御的程度、对自我的感觉、进行现实测试的能力，以及他们是否已经做好准备去更好地了解自己。

该研讨会由三个为期五天的模块组成，中间休息的时间大约为两个月。如果这些模块全部完成了，六个月后还会有四个为期四天的模块，用来评估学员的实践效果，也就是对他们对前三个模块里做出的人生决策的实行程度。我们的期望是让客户在每个模块中都更了解他们自己，并达成一项“协议”，也就是答应我们，在离开研讨会期间，他们会在工作和家庭中进行实践，然后在下一次研讨会中加深自己的理解。交互式辅导是课程设计的一部分，学员也可以互相监督“家庭作业”的完成情况。学员会在每个模块完成后写一个回顾报告，描述他们对课程的体验。这些内容会发送给我，作为学员课程体验的重要反馈。而且写报告还有另一个作用，因为我们针对体验所进行的写作，本身也是一种建立生活结构的练习。

第一个模块，是四个模块中最具结构性的。在这个模块中，我会给出一系列关于高绩效组织、企业文化、领导力（正面和反面示范）、职业生命周期、跨文化管理、企业压力、结构性反馈实践以及个人与企业动态关系的交互式小型讲座。

然而，对于心理活动和心理组织来说，课程的真正核心模块是个人案例研究部分。有时候，我们期待每个学员都能自愿来到台上，讲讲尤为困扰他们的生活难题或两难局面。这部分课程非常重要，因为在人们陈述自己故事的同时，所有包括成功和失败在内的经验和决策就都被梳理出来了。陈述变成了一个自我发现的过程，也能帮助其他学员更好地理解他们在公共或私人生活中遇到的问题。

在第二个模块中，相当多的时间都会投入在我开发的 360 度反馈模型上。这些模型同时关注组织、团队和个人，并涵盖了从配偶/伴侣和其他重要对象那里收集来的反馈。此外还可以加上从其他亲人和好友那里收集来的信息（我把这称为 720 度的反馈报告）。这些信息，为设置在第二到第三模块之间的精细行动计划提供了基础。第三周的主要关注点是巩固已经获得的见解，建立好改变的转折点，以及对未来的行动计划进行试验。

在整个计划中有一个关键因素，那就是培养学员的游戏感。要激发出这种轻松趣味，对教练来说重要的任务就是创造一个安全的过渡空间，而这个空间是以信任和互惠为特性的。这样的空间能够给学员提供一个支持性的环境，让他们在其中（取决于他们需要克服的不同的功能失调）既能被包容，也能被清晰地映照出来。这种环境支持，对开始试验、进行游戏、解决问题都是很有必要的。

到了项目的第三周，大部分学员已经比各自的家人都更了解彼此了。到了这个时候，在全员会议上，学员的交流会变得非常自由流动，需要我介入的情况少了许多。学员小组已经变成了一个自我分析的社群。最后，第四周的课程就像一种校友会，让大家有机会看看学到的东西是否已经内化。

对这样的团体辅导课程来说，关键因素是要创造机会，让学员能够“玩”起来。例如，一个开始“游戏”的好办法就是请他们每人画一幅自画像。这能够反映出他们对生活的自我描绘。实际结果已经向我们证明，这样的练习非常有助于让学员进入另一个完全不同的虚构世界。在开始的一点犹豫后，他们纷纷全心投入了进去。要创造一个心理干预所需的安全的过渡空间，在和学员们交往时，教练必须表现出完全的真诚、带指导性的同理心，以及无条件的积极赞赏。一旦创造出这样的空间，它就能给全新的学习社群提供支撑，学员们就敢于在其中尝试不同的可能性，试验全新的生活策略。

建立过渡空间的重要性是值得一再强调的。因为这样的空间对参与者了解自己的盲区和发展创造力不可或缺。这样的空间为学员提供了某种“容器”，让他们能够摆脱“垃圾”的束缚，“垃圾”是指那些他们想要代谢掉的、各种各样未经消化的感觉。只有他们觉得这个容器有足够的包容度——从中建立起了信任——他们才会感觉足够安全，才能开始试验和游戏，并真正解决问题。尝试不同的替代方案并获得令人满意的结果，这都让学员在辅导中更好地与内在、外在的现实联结起来。这些联结将带来更好的真实感和有效性。

这些为了全新开始而进行的试验，需要学员们在课堂内外的小组活动中投入相当长的时间。这些有趣的互动非常有价值，因为结交新朋友有利于巩固新习得的行为模式。向他人学习对改变来说至关重要。最后，在这个公司小组辅导课程里，学员们形成了一个有力的学习社区，在其中他们可以互相给予对方建设性的反馈（伤害他人感受是不应该的，但是“糖衣炮弹”也是不需要的），特别是每当他们又陷入本该改正的旧行为模式的时候。最具挑战性的，就是要把学员小组变成自我分析的社区。

在讨论会的后期，在现在这个充满乐趣的学习社区里，成员们都展示出了非凡的情商，尤其是和他们做第一个模块的时候相比。许多情况下，学习项目会在年复一年的后续课程中变得更加稳固，这就为我们提供了评估的机会，看看学员们是否能将全新的行为模式，变成其为人处世方式的一部分。

心理舞蹈

在你帮助客户重新学习玩耍时，重要的是，他们能够将注意力集中在以前从未承认过的感觉、感受和想法上。在听他们的报告时，我总是问他们有何感觉。我想要他们关注感受，而不仅仅是认知。作为教练，你需要帮助你的客户更了解他们自己的感觉，以及感觉是怎么影响行为和行动的。你还应该记住，促进是双向的。为了对客户的事保持敏感，你也需要对自己的反移情反应——客户的话是怎么影响你的——保持高度警惕。此外，当倾听陈述时，你还需要注意倾听那些没诉诸语言的深意。总的来说，这个过程是存在在客户、小组集体观察、你对互动的体验方式之间的，一场充满趣味的舞蹈。注意力的自由发挥刺激了认知流动、情绪恢复以及身体敏锐度。在舞蹈进行的同时，你还应该努力确保每位客户都有机会发言，并确保他们的发言都被认真地聆听了。为了让课程起效，我也鼓励每个人明确地说出他们真正的想法，而不是有所保留。他们应该把认为该说的话说出来，但要以一种富有尊重的方式。这就意味着，会出现负面的反思；那些显而易见却又被忽视的事实，会被指明。课程也鼓励客户表达他们对辅导过程的感受，包括悲伤、愤怒、喜悦、沮丧、厌恶、兴奋和嫉妒。

每个人加入这类集体辅导干预的目的都是被看见和被理解，但同时他们也害怕被批评和被曝光。而且，一些客户可能并不知道怎样对他人给予同样的关注，同时不向他人投射自己正面或负面的幻想。然而，游戏能够帮助开发一些有效的实践，从而培养高质量的、对自己和他人的注意力和意识。

随着辅导课程的进展，学员们倾向于为自己、为小组呈现给他们的东西承担更深刻的个人责任。在研讨会的安全空间内，许多潜意识中的、未被认识的东西会浮现出来，包括长期压抑的恐惧和渴望。同时也会激起一些典型的抗拒反应，比如人格分裂、心理投射、否认、转移、分离和抑郁。随着时间推移，这些防御机制慢慢失效了。小组环境创造了一种带亲密感、归属感和社交感的治愈力，成为人们宣泄心理体验的容器。

小组会议结束时，你还需要帮助客户重新回归日常生活。他们需要带着学到的新见解，并找到这些见解在他们熟悉的日常生活和工作中的新运用。这就意味着，他们要以完全不同的方式来使用他们的想法、感受，甚至他们的身体，并把这些差异体现到日常行为中去。只要改变是真实的，就一定会表现出来，但也需要不停地练习，直到嵌入客户们的行为模型中。若非如此，它就会消散，如海市蜃楼一般。

第11章

你将遇见一位高大神秘的陌生人

如果你没有反反复复失败，那就表明你做的事并没有创造性。

——伍迪·艾伦

信心具有传染性。信心缺失也是如此。

——文斯·隆巴迪

向我介绍一个做过有价值之事的人吧，我会向你介绍一个克服过逆境的人。

——娄·霍尔茨

“你将遇见一位高大神秘的陌生人”是算命先生的老套预言了。作为一个高管教练，你的确会遇到许多陌生人——至于高不高大、神不神秘，那是另一码事了。在每个案例中，你真正的挑战是让他们对自己和对你都不再那么陌生。在这本书中，我描述的这些“陌生人”——他们恶形恶状、难以相处——都是你可能在工作中遇到的。

我们的工作并不容易，但却很有意思、很重要，因为这些“陌生人”把他们私下的古怪脾气在公共舞台上表现出来了。许多高管没办法真正地管理企业，因为他们认识不到心灵的能量，也认识不到人际关系的合力正在把他们拖离正轨。他们可能偏执沮丧、失去与现实的联系、走到哪里都给别人留下一团糟。幸运的是，他们中的大多数都拥有足够的性格韧性和应对能力，来避免这些事情发生。身居高管之位总是伴随着压力，而他们拥有管理压力所需要的心理素质。

尽管会让企业运行失衡，一些公司还是支持（甚至培养）行为恶劣的领导者。一些有着情绪障碍的人，比如自恋者或霸凌者，可能会被树立为成功高管的典范。虽然他们有病态的症状，却能有良好的表现，因为他们的症状是适应性的、不断强化的，或是实际上就满足了职位的需要。而与此同时，这样的高管会让周围心理健康的同事饱受折磨。

你作为高管教练的任务，就是尽一切努力，避免人们被这类人逼疯。心理失调总会一直存在。高管教练的任务是去发现危险的信号，像拳击陪练一样，在客户抵抗来自黑暗一面的诱惑时，不断测试他们的表现。你需要扮演的的角色可能是个智慧的傻瓜——那种拯救李尔王于他自己之手的傻瓜——不断给予客户反馈：他们的心理开放度、他们吹响自我号角的需要、他们对坏消息的反应、他们对情绪管理效率的自我评价、他们在使用防御机制上的成熟度，以及他们在现实中被测试出来的表现。

你会遇到很多复杂难解甚至行为恶劣的高管，他们硬如顽石，甚至是无法改变的。他们中的很多人觉得没有改变的必要；他们还没感觉够“痛”。然而，就像俗话说的，“没有痛苦，就没有收获”。如果真的痛苦，他们是否就愿意认真看待自己呢？他们是否做好准备，深入挖掘行为背后的意义呢？

即使他们在辅导过程中表现得很顺服，要改变他们也往往是一场艰苦的斗争。许多人宁愿选择做聋哑人，对周围的事视而不见、听而不闻。在很大程度上正是他们自己，最终是他们的公司，造成了他们眼前的问题，而要让他们明白这一点往往是非常不容易的。积极的一面是，只要他们意识到改变的必要，不管他们在从事什么，高管教练都能在改变中起到很大的帮助作用。

西格蒙德·弗洛伊德曾告诉小说家斯特凡·茨威格，他的一生都在“和恶魔斗争”——非理性的恶魔。明智的高管能够意识到恶魔正在作祟。你作为高管教练的角色就在于，指出那些无意识的、看似非理性的心理活动在多大程度上实际影响着客户的行为。你应该帮助他们发现非理性的界限，并帮他们努力理解自己的性格特点。认识不到非理性一面的高管，就像面对冰山的巨轮，忘记了最大的危险正隐藏在表面之下。然而，高效的高管是那些懂得如何将反思与行动结合起来的人，他们懂得如何在权力的诱惑面前，用自我洞察来约束自己。而这就是作为教练的你，能够发挥决定性作用的地方。

附录：关于辅导干预的简短说明

为简单明了起见，我在本书的正文中省略了对心理学理论的引用。但是，这里需要一个简短的说明，来向你介绍最常用的心理辅导方法。现有文献可能让你觉得辅导的方向多种多样、没有止境。别担心。如果简略地看，你会发现现有的思想流派不过都是少数理论概念化的变体。你可能会发现，很多被认为是新的、创造性的方法，事实上并没有多少真正的创新。如果你再仔细看看，就会发现，大部分都只是对已有方法的扩充，或是对几种方法进行某些方面的结合。你会发现它们事实上存在大量的重叠。

大部分的高管教练都会认同两种主要思想流派——心理动力学和认知行为学。第一种方向对客户过去的历史（探究当下行为问题出现的原因）给予了大量的关注，而第二种方法完全忽略过去，而是着眼于现在和未来要面临的挑战。

一头雾水？我并不感到意外。这两种高管辅导策略都能取得成功，因为两种方法所要做的都是同一件事：帮助在生活中问题缠身、陷入挣扎的高管更有效地行动。根据我的所知，两种方法的最终目的，都是帮助客户找回掌控感、重拾生活的乐趣。在这个基本前提下，使用第一种还是第二种方法，很大程度上取决于不同教练受过的训练，以及他们的辅导风格和个性。一些教练对所有的客户只使用一种方法，而有一些则偏向于折衷，余下的则会根据特定客户的需求、症状和性格来选择不同方法。从我个人的经验来说，教条地严守某一种方法，可能反而会事与愿违。

更青睐心理动力学方法的人希望帮助高管获得更多自我认知，加深他们对人际关系的认识。要实现这一点，他们认为我们的大部分行为都是无意识的，并且关注个人历史对我们当下思考、感受、行动方式产生的深入影响。他们的主要关注点是找到人们共有的、隐藏的感觉和动机，以帮助解决在当下行为中显现的无意识冲突。要找到这种联结，以心理动力学为导向的教练会探索童年生活对客户对自我看法的影响、他们与他人的关系，以及他们处理情绪的方式。通过对这些未获解决的冲突（这些冲突是过去失衡关系造成的后果）的检视，他们帮助客户更好地理解过去经历对当下行为的影响——他们帮助客户更好地认识到他们无意识的想法、感受和动机。有了这些理解，就能够帮助他们意识到，问题的哪些方面是他们能够解决或提高的。在这个自我探索的旅程中，以心理动力学为导向的教练帮助他们的客户学习如何更好地掌握生活，并通过健康合理的技巧来应对充满挑战的情形。

认知行为学方法背后的基本概念是，人们的思想和感受对行为起着重要作用。这一流派的倡导者提出，要做出心理改变，人们需要获得新的应对技巧和解决问题的办法。他们提出，如果我们能够识别不断变化的思考、行为和情绪反应中的失调模式，就能够克服困难。他们指出，我们中的一些人可能会陷入自我贬抑的想法中，造成消极思想的恶性循环。我们需要学习如何识别和改变不合适的思维模型和习惯行为。例如：过度的自我批评和内疚（“我总是把事情搞砸”或是“一定是我的错”）；小题大做（“情况太可怕了，我受不了了”）；或者把消极动机归咎于他人（“我知道每个人都不喜欢我”）。这些想法都让我们变得脆弱，很容易情绪低落。认知行为学辅导的目标是帮助客户把消极想法纠正或改变为积极想法。他们可能会分发“家庭作业”，让客户们把想法记录下来，然后把他们分类为不同的失调种类，比如“非黑即白”，或是“过早下结论”。这一方法的目的是识别并改变不合适的思维模式和行为，改善人们处理感受和烦恼的方式，打破习惯行为的恶性循环，学习如何以更有效的方式做出反应。他们的最终目标是让客户明白，虽然他们无法控制周围世界的方方面面，但可以控制解释和处理周围事物的方式。和心理动力学方法比起来，这种方法更侧重于“此时此地”。

认知行为学派的倡导者指出，与他们通常更为简洁的干预措施相比，心理动力学方法往往过于抽象、间接、不切实际。认知行为主义者对看起来没完没了的检视历史持批评态度，他们认为这些并不能转化为行为上的改变。与之相反，心理动力学倡导者认为和思维正确、达到行为上的预期结果相比，在心理、情感和精神的健康层面还有更多深层的意义。他们认为，他们的干预方式比认知行为学方法有更长期和持久的效果，认知行为学方法可能取得短期成功，但不一定能够持久。

我可以根据经验告诉你，遵循教条毫无帮助。更好的做法是根据个人的需要定制辅导方法，这可能涉及同时运用两种干预方法，或在课程的不同时段平衡地采取不同的方法。

无论你使用的哪种方法，你都应该时刻关注辅导情境中的系统性因素。孤立对客户来说没有作用。他们是互相连接的大型网络的一部分。如果你想有效地开展工作，就必须考虑到工作环境、家庭和朋友的人际交互系统。

在第 10 章中，我举了一个小组辅导干预的例子。不过，还有许多可行的集体干预方法。有一些时间很短，而其他的（比如我开设的总裁研讨班）会持续相当长的一段时间。小组的人数和规模经济都是因素之一。不过小组辅导的成本可能会更低，因为可以多人同时接受辅导。小组辅导的另一个好处就是参与者不仅有教练，还有很多同伴，而同伴正可以成为改变的推动者。

在团体辅导中还有一些力量，能够同样为客户的改变带来推动作用，帮助他们更好地应对生活的沧桑浮沉。比如说，当参加者注意到其他人在生活中有所改变、做出了更好的选择，他们就能从小组辅导中收获相当大的希望。

此外，向一群具有同情心的听众倾诉你面临的问题，会是一种非常积极的宣泄方式。除此之外，身在一群有相似背景和经历的人之中，参与者就会感到他们经历的磨难是普遍的，他们身陷疑惑，但并不孤单。另外，小组的成员们可以通过分享信息来帮助彼此——他们能够互相分享优势，而成为一个相互支持的小组，同时也能增强他们的信心。而且，从一个更加“历史”的角度来看，小组在某些方面与家庭相似，也就给了参加者探究童年经历的机会，观察这些经历是如何影响他们个性形成和特定行为类型的。如果有足够的信任，小组就会成为一个在无须冒太大风险的情况下试验新行为的理想场所。这样的环境设置是舒适的，人们可以在其中实验那些在真实世界中可能会造成破坏性后果的做法，或是完全无益的行为。然后通过和他人的互动并接收来自组员和教练的反馈，学员就可以更好地了解自己，学习什么是有效的，什么是无效的。同时，也能帮助参加者认识到他们对自己的生活、行动和选择所负有的责任。

文献目录

（我在此列出的不是本书引用过的文献，而是一些推荐书目。如果读者希望进一步探究我讨论过的主题，希望这些书籍能给他们提供帮助。）

Acklin, M. W.（1992）. Psychodiagnosis of personality structure. Psychotic personality organization, *Journal of Personality Assessment*, 58, 454–463.

Acklin, M. W.（1993）. Psychodiagnosis of personality structure II. Borderline per–sonality organization, *Journal of Personality Assessment*, 61, 329–341.

Acklin, M. W.（1994）. Psychodiagnosis of personality structure III. Neurotic personality organization, *Journal of Personality Assessment*, 63（1）, 1–9.

Ainsworth, M., Blehar, M., Waters, E. & Wall, S.

(1978). *Patterns of Attachment*. Hillsdale, NJ: Erlbaum.

American Psychiatric Association; American Psychiatric Association (2013). *Diagnostic and Statistical Manual of Mental Disorders* (Fifth ed.). Arlington, VA: American Psychiatric Publishing.

American Psychiatric Association (2000). *Diagnostic and Statistical Manual of Mental Disorders (DSM-IV-TR)*. Washington, DC: APA.

Babiak, B. & Hare, R. D.(2006). *Snakes in Suits: When Psychopaths go to Work*. New York: HarperCollins

Bager-Charleson, S.(2010). *Why Therapists Choose to Become Therapists*. London: Karnac.

Bandura, A.(1997). *Self-Efficacy: The Exercise of Control*. New York: W. H. Freeman.

Basch, M. F.(1988). *Understanding Psychotherapy*. New York: Basic Books.

Basch, M. F.(1995). *Doing Brief Psychotherapy*. New York: Basic Books.

Beck, A. T. & Freedman, A.(1990). *Cognitive Therapy of*

Personality Disorders. New York: Guilford.

Beck, A. T., Emery, G. & Greenberg, R. L.(2005). *Anxiety Disorders and Phobias: A Cognitive Perspective*. New York: Basic Books.

Blair, R. J., Mitchell, D. R. & Blair, K.(2005). *The Psychopath: Emotion and the Brain.* New York: Wiley-Blackwell.

Bowlby, J.(1969). *Attachment.* Second Edition (Attachment and Loss Series, Vol. 1). New York: Basic Books.

Bowlby, J.(1988). *A Secure Base: Parent-child Attachment and Healthy Human Development.* New York: Basic Books.

Cassidy, J. & Shaver, P. R.(Eds.) (1999). *Handbook of Attachment: Theory, Research, and Clinical Applications*. New York: The Guilford Press.

Crits-Christoph, P. & J. P. Barber (Eds.) (1991). *Handbook of Short-Term Dynamic Psychotherapy*. New York: Basic Books.

Csikszentmihalyi, M.(1990). *Flow: The Psychology of Optimal Experience.* New York: Harper Perennial.

Csikszentmihalyi, M.(1996). *Creativity: Flow and the Psy-*

chology of Discovery and Exploration. New York: Harper Perennial.

Dryden, W. & Spurling, L.(Eds.) (1989). *On Becoming a Psychotherapist.* London: Routledge.

Elkind, D.(2006). *The Power of Play: How Spontaneous, Imaginative Activities Lead to Happier, Healthier Children.* New York: De Capo Press.

Etchegoyen, H.(2005). *The Fundamentals of Psychoanalytic Technique*. London: Karnac Books.

Feltham, C.(Ed.) (1999). *Understanding the Counselling Relationship.* London: Sage

Fenichel, O. (1945). *The Psychoanalytic Theory of Neurosis*. New York: Norton.

Frankl, V. (2006). *Man's Search for Meaning.* Boston: Beacon Press.

Freud, A. *The Ego and the Mechanisms of Defense*. New York: International Universities Press, 1946.

Grant, A. M. & Stober, D. R. (2006). *Evidence-Based Coaching Handbook*. London: John Wiley & Sons Ltd.

Greenberg, J. R. & Mitchell, S. A. (1983). *Object Relations in Psychoanalytic Theory*. Cambridge, Massachusetts: Harvard University Press.

Goleman, D. (1995). *Emotional Intelligence.* London: Bloomsbury.

Griswold, C. (2007). *Forgiveness: A Philosophical Exploration.* Cambridge: Cambridge University Press.

Hare, R. D. (1999). *Without Conscience: The Disturbing World of the Psychopaths Among Us.* New York: The Guilford Press.

Heatherton, T. & Weinberger, J. L. (Eds.) (1994). *Can Personality Change*? Washington, DC: American Psychological Association.

Herve, H. & Yuille, J. C. (Eds.) (2007). *The Psychopath: Theory, Research and Practice.* Mahwah, NJ: Lawrence Erlbaum Associates.

Hogan, R. T. & Johnson, J. (Eds.) (1997). *Handbook of Personality Psychology.* New York: Morgan Kaufman.

Holmes, J. (2001). *The Search for the Secure Base: Attach-*

ment Theory and Psychotherapy. London: Brunner–Routledge.

Horowitz, M. J.(Ed.).(1991). *Person Schemas and Maladaptive Interpersonal Patterns*. Chicago: University of Chicago Press.

Hudson, F. M.(1999). *The Handbook of Coaching: A Comprehensive Resource Guide for Managers, Executives, Consultants, and Human Resource Professionals.* San Francisco, CA: Jossey–Bass.

Huizinga, J.(1955). *Homo Ludens: A Study of the Play–Element in Culture.* Boston: Beacon Press.

Jamison, K.(1997). *The Unquiet Mind.* New York: Picador.

Kegan, R. & Lahey, L.(2009). *Immunity to Change: How to Overcome It and Unlock the Potential in Yourself and Your Organization*. Boston: Harvard Business School Press.

Kernberg, O.(1975). *Borderline Conditions and Pathological Narcissism*. New York: Jason Aronson.

Kernberg, O.(1980). *Internal World and External Reality*. New York: Jason Aronson.

Kets de Vries, M. F. R. (2001). Creating authentizotic organizations: Well-functioning individuals in vibrant companies, *Human Relations*, 54 (1), 101-111.

Kets de Vries, M. F. R. (2001). *The Leadership Mystique*. London: Financial Times/Prentice Hall.

Kets de Vries, M. F. R. (2004). *The Global Executive Leadership Inventory: Facilitator's Guide*. San Francisco: Pfeiffer.

Kets de Vries, M. F. R. (2005). *Personality Audit: Facilitator's Guide*, Fontainebleau, INSEAD Global Leadership Centre.

Kets de Vries, M. F. R. (2007). Decoding the team conundrum: The eight roles executives play, *Organizational Dynamics*, 36 (1), 28-44.

Kets de Vries, M. F. R. (2009). *Reflections on Leadership and Career Development*. New York: John Wiley & Sons Inc.

Kets de Vries, M. F. R. (2009). *Reflections on Character and Leadership*, West Sussex, UK: Wiley.

Kets de Vries, M. F. R. (2009). *Sex, Money, Happiness and Death: The Quest for Authenticity*. Hampshire, UK: Palgrave.

Kets de Vries, M. F. R.(2010). *Inner Theatre Inventory: Facilitator's Guide.* Fontainebleau, France: INSEAD.

Kets de Vries, M. F. R.(2010). *The Organizational Culture Audit: Facilitator's Guide.* Fontainebleau, France: INSEAD.

Kets de Vries, M. F. R.(2011). *Reflections on Groups and Organisations.* West Sussex, UK: Wiley.

Kets de Vries, M. F. R.(2011). *The Hedgehog Effect: The Secrets of Building High Performance Teams.* New York: Wiley.

Kets de Vries, M. F. R.(2014). *Mindful Leadership Coaching: Journeys into the Interior.* Hampshire, UK: Palgrave.

Kets de Vries, M. F. R.(2014). *The Global Executive Leadership Mirror: Facilitator's Guide.* Fontainebleau, France: INSEAD.

Kets de Vries, M. F. R. & Miller, D.(1984). *The Neurotic Organization: Diagnosing and Changing Counterproductive Styles of Management*, San Francisco, CA: Jossey-Bass.

Kets de Vries, M. F. R., Florent-Treacy, E. & Korotov, K.(2007). *Coach and Couch: The Psychology of Making Better*

Leaders, Hampshire: Palgrave Macmillan.

Kets de Vries, M. F. R., Guillen, L., Korotov, K. & Florent-Treacy, E. (2010). *The Coaching Kaleidoscope: Insights from the Inside*, Hampshire: Palgrave Macmillan.

Kilberg, R. R. (2000). *Executive Coaching*. Washington, DC: American Psychological Association.

Kohut, H. (1971). *The Analysis of the Self*. New York: International Universities Press.

Kohut, H. (1977). *The Restoration of the Self*. New York: International Universities Press.

Korotov, K., Florent-Treacy, E., Kets de Vries, M. F. R. & Bernard, A. (2011). *Tricky Coaching*. Hampshire: Palgrave/Macmillan.

Kottler, J. A. (1993). *On Being a Therapist*. San Francisco: Jossey-Bass.

Leichsenring, F. & Leibing, E. (2003). The effectiveness of psychodynamic therapy and cognitive behavior therapy in the treatment of personality disorders: A meta-analysis, *American Journal of Psychiatry*, 160 (7), 1223-1232.

Luborsky, L. & Crits-Cristoph, P. (1998). *Understanding Transference: The Core Conflictual Relationship Theme Method.* Washington, DC: American Psychological Association.

Mahler, M. S., Pine, F. & Bergman, A. (1975). *The Psychological Birth of the Human Infant.* New York: Basic Books.

Malan, D. H. (1976). *The Frontier of Brief Psychotherapy.* New York: Plenum.

Mann, J. (1973). *Time Limited Psychotherapy.* Cambridge, MA: Harvard University Press.

Maroda, K. J. (2004). *The Power of Countertransference.* Hillsdale, NJ: Analytic Press.

McAdams, D. P. (1993). *Stories We Live By: Personal Myths and the Making of the Self.* New York: William Morrow and Company.

McCulloughVaillant, L. (1997). *Changing Character.* New York: Basic Books.

McDougall, J. (1985). *Theaters of the Mind.* New York: Basic Books.

McLeod, J. (1997). *Narrative and Psychotherapy.* London:

Sage.

Meissner, W. W. (1978). *The Paranoid Process.* New York: Jason Aronson.

Mikulincer, M. & Shaver, P. R. (2007). *Attachment in Adulthood: Structure, Dynamics, and Change.* New York: Guilford.

Miller, W. R. & Rollnick, S. (2002). *Motivational Interviewing: Preparing People to Change.* New York: Guilford Press.

Millon, T. (1996). *Disorders of Personality: DSM-IV and Beyond.* New York: Wiley.

Millon, T. (2004). *Personality Disorders in Modern Life.* New York: John Wiley.

Millon, T., Simonsen, E. Birket-Smith, M. & Davis, R. (1998). *Psychopathy: Antisocial, Criminal, and Violent Behavior.* New York: Guilford Press.

Munro, A. (1999). *Delusional Disorder: Paranoia and Related Illnesses.* Cambridge: Cambridge University Press.

Palmer, S. & Whybrow, A. (2007). *Handbook of Coaching Psychology: A Guide for Practitioners.* London: Routledge.

Reich, W.(1949). *Character Analysis*. New York: Farrar, Straus and Giroux.

Reik,T.(1983). *Listening with the Third Ear*. New York: Farrar, Straus and Giroux.

Rogers, C.(1951). *Client-centered Therapy: Its Current Practice, Implications and Theory*. London: Constable.

Schaefer, C.(Ed.) (2003). *Foundations of Play Therapy*. Hoboken, NJ: Wiley & Sons, Inc.

Shapiro, D.(1965). *Neurotic Styles*. New York: Basic Books.

Schein, E. H.(1992). *Organizational Culture and Leadership*. San Francisco, CA: Jossey-Bass.

Seligman, M. E. P.(1975). *Helplessness: On Depression, Development and Death*. San Francisco: W. H. Freeman.

Simon, G. K.(1996). *In Sheep's Clothing: Understanding and Dealing with Manipulative People*. Little Rock: A. J. Christopher & Company.

Spence, D. P.(1982). *Narrative Truth and Historical Truth*. New York: Norton.

Storr, A. (1979). *The Art of Psychotherapy*. New York: Methuen.

Strupp, H. H. & J. L. Binder (1984). *Psychotherapy in a New Key: A Guide to Time-Limited Dynamic Psychotherapy*. New York: Basic Books.

Tomb, D. A. & Christensen, D. D. (1987). *Case studies in Psychiatry*. Baltimore: Williams & Wilkins.

Vaillant, G. E. (1992). *Ego Mechanisms of Defense: A Guide to Clinicians and Researchers*. New York: American Psychiatric Publishing.

Weeks, G. R. & L'Abate, L. (1982). *Paradoxical Psychotherapy: Theory and Practice with Individuals, Couples, and Families*. New York: Brunner/Mazel.

White, R. W. (1959). Motivation reconsidered: The concept of competence, *Psychological Review*, 66 (5), 297-333.

Whitmore, J. (2002). *Coaching for Performance: Growing People, Performance and Purpose*. London: Nicholas Brealey Publishing.

Wilson, T. D. (2004). *Strangers to Ourselves: Discovering the Adaptive Unconscious.* NewYork: The Belknap Press.

Winnicott, D. W. (1971). *Playing and Reality*. London: Tavistock.

Yalom, I. D. (1985). *The Theory and Practice of Group Psychotherapy*. New York, Basic Books.

Zaleznik, A. (1966). *Human Dilemmas of Leadership.* New York: HarperCollins.

Zaleznik, A. & Kets de Vries, M. F. R. (1975). *Power and the Corporate Mind.* Boston: Houghton–Mifflin.

曼弗雷德管理思想经典文库

乘坐领导力的过山车：
日常工作中的领导力心理学

ISBN：978-7-5207-0772-5
定价：68.00 元

领导力童话：
领导力的五个致命危险

ISBN：978-7-5207-0771-8
定价：58.00 元

领导者、傻瓜和骗子：
曼弗雷德谈领导力心理学

ISBN：978-7-5207-0773-2
定价：68.00 元

领导者是天生的吗：
亚历山大大帝领导力案例研究

ISBN：978-7-5207-0807-4
定价：58.00 元

神经质组织：
引领组织变革的成功之道

ISBN：978-7-5060-9398-9
定价：68.00 元

幸福等式：
幸福与成功沉思录

ISBN：978-7-5207-0719-0
定价：58.00 元

正念领导力：
洞悉人心的管理秘诀

ISBN：978-7-5060-8989-0
定价：49.90 元

性、金钱、幸福与死亡
（精装版）

ISBN：978-7-5060-9148-0
定价：55.00 元

性格与领导力反思

ISBN：978-7-5060-8299-0
定价：49.90 元

领导力与职业生涯反思

ISBN：978-7-5060-8300-3
定价：49.90 元

组织的反思

ISBN：978-7-5060-9399-6
定价：58.00 元

恐惧领导力：
在阁楼里发现夏卡·祖鲁

ISBN：978-7-5060-9389-7
定价：68.00 元

刺猬效应：
打造高绩效团队的秘诀(精装版)

ISBN：978-7-5060-9649-2
定价：68.00 元

有毒的管理者：
高管教练的挑战

ISBN：978-7-5207-0774-9
定价：58.00 元

领导力的奇境历险：
日常生活中的领导力心理学

2019 年 10 月出版